D0936695

SOCIÉTÉ

DES

ANCIENS TEXTES FRANÇAIS

————

ŒUVRES POÉTIQUES

DE

CHRISTINE DE PISAN

————

III

# ŒUVRES POÉTIQUES

DE

# CHRISTINE DE PISAN

PUBLIÉES

PAR

## MAURICE ROY

TOME TROISIÈME

ORAISONS, ENSEIGNEMENTS ET PROVERBES MORAUX
LE LIVRE DU DUC DES VRAIS AMANTS
LES CENT BALLADES D'AMANT ET DE DAME

## PARIS

LIBRAIRIE DE FIRMIN DIDOT ET Cie

RUE JACOB, 56

M DCCC XCVI

Publication proposée à la Société le 23 avril 1884.

Approuvée par le Conseil le 25 février 1885 sur le rapport d'une commission composée de MM. Meyer, Paris et Raynaud.

*Commissaire responsable :*

M. P. MEYER.

First reprinting, 1965, Johnson Reprint Corporation
Printed in the United States of America

Vous excellent de grant haultesse
Couronnee puissant princesse
Tresnoble royne de france
Le corps enclin vous vous adresse
En saluant par grant humblesse
Pry dieu quil vous tiengne en souffrance
Long temps saine et apres souffrance
De la mort vous doint la richesse
De paradis qui point ne cesse
Et au monde sans decevance
Paix ioye et toute acoustumance
De quanquil affiert a leesse
Vault saincte que font tous bien
Et ma tresbonne amme se tiengne
Car vous comme vo creature

Pour ce liure cy que ie tiens
Vous presente ou il na riens
En si bonne vueil comparoir
Et ne nage en ma ieunesse par
Pas ou saige que ie seroie
Au seul sentement que ie tiens
De vous de dieu et de nature
Quoy que maintz aultre creature
En ont plus en fait et maintiens
Et y font ou volume comptas
Plusieurs liures es quel leiay ieuns
A prise en maintes manieres
Diffuse et pour le temps
Et ne on entendra plus apres
Soyes doulce et mature

# INTRODUCTION

——————

CE troisième volume renferme des œuvres de caractères très différents, des prières, des compositions morales et des poèmes d'amour.

Aux personnes qui pourraient s'étonner que nous ayons réuni dans un même tome des compositions aussi diverses, il nous est facile de répondre que nous suivons, autant que possible, dans notre édition, l'ordre de transcription adopté dans les manuscrits, et qui, d'ailleurs, paraît correspondre à la succession chronologique des inspirations poétiques de Christine.

A cette considération s'ajoute encore la nécessité de répartir entre chaque volume une somme de matières à peu près égale.

## I. — ORAISONS

En même temps qu'elle écrivit des dits d'amour, Christine composa quelques œuvres exclusivement religieuses. A ce genre appartiennent les trois prières dont nous donnons le texte et une paraphrase en prose des *Sept Psaumes* [1].

La première de ces compositions, l'*Oraison Nostre-Dame*, comprend dix-huit strophes de douze vers de huit syllabes. Christine invoque successivement la Vierge en faveur de l'Église, de ses pasteurs, du roi, de la reine, de la famille royale et des personnes de toutes conditions.

M. R. Thomassy, qui a publié cette pièce à la fin de son *Essai sur les écrits politiques de Christine de Pisan*, croit qu'elle fut composée vers l'année 1414, à l'époque du Concile de Constance.

Plusieurs raisons nous autorisent, au contraire, a penser que l'on doit assigner à la composition de l'*Oraison Nostre-Dame* une date plus ancienne, comme 1402 ou 1403.

En effet, le ms. *A* [1] (836), l'un de ceux qui renferme les oraisons, n'a pas été transcrit à une date postérieure à 1408, ainsi que nous l'avons établi précédemment; il figure, d'ailleurs, en 1413, à l'inventaire de la Bibliothèque du duc de Berry.

---

1. Voy. sur cette composition l'article de M. L. Delisle dans les *Notices et Extraits,* t. XXXV, 2ᵉ partie.

D'autre part, la pièce elle-même nous fournit deux points de repaire :

La strophe VIII est consacrée au duc d'Orléans qui fut, comme on sait, assassiné en 1407.

En outre, Christine fait allusion, dans la strophe II, à l'affaire du schisme et supplie la Vierge de ramener la paix dans l'Église en lui donnant un Pasteur qui réunisse tous les suffrages. Il paraît donc fort probable que ces vers ont été écrits au moment des négociations de Charles VI avec l'antipape Benoît XIII, un peu avant la Déclaration du 3o mai 1403 qui remettait la France sous l'obédience de ce pontife.

La pièce suivante, les *Quinze Joyes Nostre-Dame*, comprend, comme l'indique le titre même, quinze strophes d'invocation à la Vierge pour chacune des joies qu'elle a éprouvées.

L'*Oraison Nostre-Seigneur*, composée sur le même plan, rappelle en soixante strophes les actes de la vie et de la passion du Sauveur [1].

---

1. Ces oraisons furent sans doute composées par Christine à l'intention des personnes pieuses qui voulaient ajouter quelques sentiments nouveaux à la récitation de Pater et d'Ave pour gagner des indulgences, ainsi que semble l'indiquer une rubrique placée au-dessous de la miniature du ms. A¹ (836 fol. 63) représentant le Sauveur sortant du tombeau :

« Nostre Seigneur s'apparu a Saint Gregoire, pape, en sa contemplacion en telle semblance, et, pour la compassion qu'ot ledit Saint de la mort et passion Nostre Seigneur Jhesu Crist donna xiiiiᴹ ans d'indulgence a quelconques personne qui diroit v fois la Pater Noster et l'Ave Maria par devocion devant tel ymage. Et aultres papes, qui depuis ont esté, ont accreu l'indulgence tant qu'elle monte jusque a la somme de xxᴹ ans de vray pardon. »

Le texte de ces prières est donné d'après les deux familles de mss. *A* et *B* dont nous avons établi la généalogie dans la préface du tome I.

## II. — ENSEIGNEMENTS ET PROVERBES MORAUX

Comme l'indiquent les rubriques qui précèdent les Enseignements, Christine aurait composé spécialement ce recueil de sentences morales à l'intention de son fils, Jean de Castel ; cependant les conseils qu'il renferme en cent treize quatrains paraissent s'adresser aux personnes de tous âges et de toutes conditions.

Par cette œuvre, Christine continue la tradition d'une littérature morale remontant jusqu'à l'antiquité. Sous l'influence des auteurs classiques et de la Bible, les sentences morales furent en grande vogue dès le commencement du moyen âge. Les *Moralités des philosophes* par Alart de Cambrai [1], les *Proverbes de Sénèque* et autres compositions du même genre, manifestent, plus d'un siècle avant Christine de Pisan, cette tendance à la fois moralisatrice et classique. Mais le livre de morale le plus célèbre et le plus employé au moyen âge pour l'instruction de la jeunesse fut, sans contredit, le recueil de préceptes qui porte le nom de *Distiques de Caton*, et où la sagesse de l'antiquité

1. Voir le *Bulletin de la Société des Anciens Textes*, 1895, p. 96.

s'allie aux enseignements chrétiens. Les *Distiques* furent traduits et imités bien souvent du xiie au xive siècle.

C'est sous la même influence que Christine a composé ses *Enseignements* et ses *Proverbes moraux;* laissant de côté les dictons populaires, elle s'attache surtout à reproduire les sentences des anciens philosophes.

Les *Enseignements* furent certainement, parmi les œuvres de Christine, l'une des plus répandues en raison du vif succès qu'elle rencontra dans toutes les classes de la société. Aussi en existe-t-il un si grand nombre de manuscrits que nous n'avons pas la prétention de signaler toutes les copies qui en ont été conservées. Ces copies n'offrent, d'ailleurs, qu'un médiocre intérêt et consistent généralement en transcriptions faites sur papier au xve siècle, intercalées dans des recueils de pièces morales ou de prières formés pour des religieux et provenant la plupart de fonds d'abbayes.

La Bibliothèque nationale possède quelques-unes de ces copies sur papier, telles que le ms. 1181 du fonds français qui donne, fol. 10, un texte sensiblement altéré, modifié, et ajoute même trois quatrains que l'on ne peut attribuer à Christine, les mss. 24439, fol. 15 et 25434 fol. 117, qui ne sont, en somme, que des copies faites sur des manuscrits de la famille *B*.

Il existe aussi à la Bibliothèque de Clermont-Ferrand un recueil (ms. n° 249) de pièces diverses qui renferme, fol. 39, les *Enseignements de Chris-tine*. C'est également une copie sur papier du xvᵉ siècle et qui a fait l'objet d'une notice dans le *Bulletin de la Société des Anciens Textes*, année 1889, p. 98 à 114.

Un autre ms. se trouve à la Bibl. de Stockholm et est indiqué sous le n° 12 des Poèmes divers dans le catalogue G. Stephens.

Notre texte a été établi d'après les manuscrits des familles *A* et *B* dont nous avons donné la description dans l'introduction du tome I. Nous avons cru devoir nous servir, en outre, des quatre manuscrits suivants de la Bibliothèque nationale qui paraissent se classer dans la famille *B* :

*B⁴*. — Le ms. 1551 du fonds français grand in-8° sur vélin, xvᵉ siècle, contient avec diverses pièces morales les *Enseignements de Caton* et les *Dits moraux* de Christine (fol. 52 à 59). Ce manuscrit, ainsi que l'indique une mention inscrite sur le premier feuillet de garde, provient de la bibliothèque du château de Blois qui fut, comme on sait, transportée en 1544 à Fontainebleau. Il a été porté ensuite sous les numéros 1347 (Cat. Rigault, 1622), 1061 (Dupuy, 1645) et 7593 (Clément, 1682) aux Inventaires de la Bibliothèque du roi. Ce volume est enfermé dans une reliure en bois recouvert de velours noir et qui paraît remonter au xvⁱᵉ siècle.

*B⁵*. — Le ms. 1623 pet. in-4° sur velin, xvᵉ siècle, avec lettres ornées, renferme des fragments provenant au moins de trois manuscrits différents, dont un sur papier ; aux fol. 98 à 102 se trouvent les *Enseignements* sous la rubrique suivante : « Ci après s'ensuivent aucuns bons et notables enseignemens moraulx que Xristine de Pizan a baillez a son filz pour son enseignement et doctrine. » Des mentions inscrites sur les feuillets de garde font connaître que ces fragments ont appartenu au xvie siècle à Henry et Anthoine de Tournon. Ce manuscrit porte le n° 7629 de l'Inventaire de 1682 et provient de la bibliothèque du cardinal Mazarin. Il est relié aujourd'hui en veau fauve, aux armes de Napoléon Ier.

*B*[6]. — Le n° 2239, également sur vélin, est un petit manuscrit de la fin du xve siècle qui contient, outre les *Dits moraux* de Christine (fol. 18) les *Enseignements de Caton* en français. Il a été inventorié sous l'ancienne cote 8014 dans le catalogue de 1682, et, comme le précédent, a appartenu au cardinal Mazarin. ,

*B*[7]. — Enfin le n° 825, grand in-4° sur vélin, xve siècle, enrichi de miniatures et de lettres ornées, se compose du *Pèlerinage de la vie humaine,* le poème de Digulleville, et des *dits moraux* (fol. 156 à 158) ; mais la composition de Christine n'a pas été complètement transcrite à la fin du volume et s'arrête au quatrain n° civ. Un feuillet paraît manquer. Le fol. 155 v° porte après l'Explicit du Pèlerinage de la vie humaine cette mention du commencement du xvie siècle : « Ce livre est a dame Jehanne de Cambray, femme de monseigneur messire Henry de Marle, chevalier, seigneur de Luzancy, conseiller et maistre des requestes ordinaire de l'Ostel du Roy. »

Le manuscrit a ensuite fait partie de la Bibliothèque de Blois, puis est passé dans celle de Fontainebleau ; il a été inventorié à la Bibliothèque royale sous les numéros 1707 (Rigault), 710 (Dupuy) et 7211 (Clément) et est relié en veau fauve aux armes de Napoléon Ier.

Les *Proverbes moraux* forment le complément naturel des *Enseignements*. Ils comprennent 101 distiques et paraissent empruntés surtout aux dits des anciens philosophes. Ant. Wideville, comte Rivers, les traduisit en anglais, dès la seconde moitié du xve siècle, et les publia sous ce titre : « *The Morale Proverbes of Cristyne.* At Westmestre of feverer the XX daye and of kyng Edward, the XVII yere vrave (1477). Enprinted by Caxton », in-fol. de 4 ff. à 28 lignes par page.

Cette pièce, excessivement rare, a été réimprimée dans la *Bibl. Spenceriana,* de Dibdin, IV, 218-24, des extraits en avaient été donnés par le même bibliographe dans son édition des *Typographical Antiquities,* I, 72. London, 1810 [1].

Les deux manuscrits de la famille *A,* décrits précédemment (voy. t. I, Introd., p. 5 à 17), contiennent seuls le texte des *Proverbes.* Une copie sur papier, faite au xve siècle, existe à la Bibliothèque de Grenoble sous le titre : « *Les dictz des*

---

(1) Voir encore W. Blades, *The biography and Typography of William Caxton,* 2e édit., Londres 1882; p. 194 et suiv.

*saiges,* » dans un recueil de fragments en vers et en prose (n° 871, fol. 1).

### III. — LE LIVRE DU DUC DES VRAIS AMANTS.

Ce poème a été composé par Christine à la prière d'un jeune prince qui ne lui a pas permis de divulguer son nom, l'autorisant seulement à le surnommer « le Duc des vrais amoureux ». Comme dans le *Dit de la Pastoure,* où la bergère présente elle-même ses aventures, le jeune duc prend ici la parole et raconte ses premières amours :

A peine au sortir de l'enfance, il éprouvait déjà le désir d'avoir une maîtresse et implorait le dieu d'amours de lui donner satisfaction. Un jour, parti pour chasser des lapins avec un de ses parents et quatre de ses gentilshommes, suivis de veneurs tenant en laisses des lévriers et portant des furêts, il fit la rencontre d'une princesse royale qui était venue récemment habiter un château voisin. Après un entretien au bord d'une source, sur l'herbe verte et à l'ombre d'une « saulsoie », le duc sentit pour la première fois l'amour blesser son cœur et rentra, à la nuit, à la demeure paternelle tout transformé. A partir de ce jour il changea complètement sa manière d'être, devint plus gai et plus gracieux, se procura de beaux destriers, revêtit de riches robes, en distribua largement à sa suite, et prit une devise où se trouvait en anagramme le nom de la dame de ses pensées. Sous le prétexte d'apprendre à jouter, il fit préparer une fête de tournoi, non sans avoir obtenu auparavant la promesse que sa dame s'y rendrait. Christine trouve ici l'occasion de nous retracer avec une grâce exquise les détails intéressants d'une de ces belles fêtes si fréquentes au XIVe siècle.

C'est d'abord l'arrivée en litière de la princesse au château du duc, la veille du tournoi, la réception qui lui est faite, le souper d'apparat où elle prend place sous un grand dais, ayant à ses côtés la mère du duc et quatre comtesses, les danses joyeuses qui suivirent ; puis, le lendemain matin, la visite du prince à sa dame qui lui accorde la manche d'hermine de son corset et une couronne de pervenches pour porter sur son heaume. Après avoir dîné assez rapidement dans les chambres, on descend en champ clos ; vingt dames blondes, vêtues de superbes robes de soie blanche brodée d'or, au milieu desquelles se tenait la princesse, prennent place dans de superbes tribunes. Le jeune duc, couvert d'armures blanches et monté sur un destrier caparaçonné blanc et or, accompagné de chevaliers aux mêmes armures blanches, sort tout joyeux de son pavillon et s'avance dans la lice où il attache son heaume et reçoit sa lance des mains d'un noble comte, puis s'élance pour jouter contre un chevalier. Sa vaillance et ses nombreux exploits lui font remporter le prix de la journée que lui décernent les dames, juges du tournoi.

Les joutes terminées à la chute du jour, tout le
monde rentre au château où un grand souper était
préparé, à la suite duquel les danses recommencent
avec un nouvel entrain et se prolongent pendant
une grande partie de la nuit.

Le lendemain, un nouveau tournoi s'engage entre
les écuyers, couverts d'armures vert et or, en pré-
sence de vingt demoiselles vêtues pareillement de
vert. La fête dura ainsi trois jours entiers, puis les
invités prirent congé, sauf la princesse qui, avec
la permission de son mari, demeura pendant un
mois au château du duc. Mais ce séjour s'écoule
rapidement au milieu des plaisirs les plus divers,
et, malgré tous les regrets, il faut se quitter; le
mari de la princesse l'exige maintenant, car il
était devenu jaloux du jeune duc sur la dénoncia-
tion d'un médisant qui avait assisté à la fête et
auquel fut confiée la garde de la princesse. Resté
seul, le duc s'abandonne au désespoir et tombe
malade. Un cousin dévoué s'efforce de calmer ses
inquiétudes et de lui rendre courage en lui pro-
mettant de devenir son intermédiaire avec celle
qu'il aime et de s'employer pour obtenir des entre-
vues. Et, de fait, par l'entremise de son cousin,
le jeune duc apprend qu'il est aimé et que sa
dame, malgré la surveillance étroite dont elle est
l'objet, espère le revoir prochainement. A cette
nouvelle, il s'empresse d'envoyer à sa bien-aimée
une lettre suppliante et deux ballades dont le
dévoué cousin se fait encore le messager. Une
correspondance amoureuse s'établit entre eux, puis

un rendez-vous est ménagé ; sous le déguisement
d'un valet, le duc parvient auprès de la princesse,
et tous deux, pendant une nuit, s'expriment, dans
un tendre duo, leurs sentiments d'affection, en
se promettant sincèrement de conserver toujours
l'idéal de l'amour, c'est-à-dire de ne jamais penser
à commettre le mal.

Mais bientôt un nouvel incident se produit qui
sépare pour quelque temps les deux amoureux.
La confidente de la princesse se trouve forcée de
quitter la cour pour une affaire importante, et,
sans elle, il n'est plus possible de ménager d'autres
entrevues. Dans cette circonstance, la duchesse se
souvient d'une dame de la Tour qui l'avait presque
élevée et qu'elle savait discrète et de bon conseil ;
elle lui écrit pour lui demander de redevenir sa
confidente ; mais, en réponse, Sibylle de Monthault,
dame de la Tour, lui adresse une longue lettre par
laquelle elle lui reproche sa conduite, en fait res-
sortir les dangers et l'exhorte à renoncer à ses
amours, mettant en opposition de ces craintes
toutes les satisfactions complètes que peut éprou-
ver une jeune femme en se consacrant aux soins
de sa maison et à l'éducation de ses enfants. Cette
lettre constitue en somme un véritable petit traité
de morale qui a ici un peu l'apparence d'un hors
d'œuvre, de sorte qu'on peut se demander si Chris-
tine l'a composé spécialement pour être introduit
dans le *Duc des vrais amants*. Ce qui est certain,
c'est qu'elle s'est plu à reproduire presque textuel-
lement cette lettre au chapitre XXVII de la première

partie de son *Livre des Trois Vertus pour l'ensei-gnement des dames* [1].

Les conseils de la sage gouvernante eurent momentanément une certaine influence sur l'esprit de la princesse qui fit part à son amant de ses nouveaux sentiments de crainte et de regrets en lui signifiant presque son congé ; mais, à la sup-plication désolée du duc, la noble dame revient bientôt à d'autres sentiments et lui annonce avec bonheur le retour de sa confidente qui pourra leur procurer d'autres rendez-vous.

Ainsi, pendant deux années, le jeune duc resta attaché à ses amours sans s'éloigner du pays ; mais, le bruit de ses aventures s'étant répandu, il dut, sur l'avis de ses parents, partir dans l'armée pour une expédition en Espagne qui dura toute une année.

Revenant auprès de sa dame, puis repartant pour de nouvelles expéditions, il mena pendant dix ans une existence des plus aventureuses ; tra-versant les mers à la recherche des continents, fait prisonnier dans une terrible rencontre, nous le voyons à ses retours assailli par les sentiments divers que fait naître l'amour, tantôt comblé d'une joie mitigée par la crainte des médisants, tantôt fou de jalousie et d'appréhensions imaginaires au point de perdre les bonnes grâces de sa dame.

Pendant ce temps, le duc composait des ballades, lais, complaintes et autres dits « dont un joyeux

---

1. Voir plus loin, p. xiv

entre dix doloreux avoit ». La princesse lui répondait de la même façon.

Christine a placé à la suite de son poème une série de ces petites pièces qu'elle met tour à tour dans la bouche du duc et dans celle de la princesse et qui se termine par les lamentations, sous forme de complainte, de la dame qui croit avoir perdu pour toujours l'affection de son amant.

Tel est l'ensemble de cette intéressante composition dont les héros sont très probablement des personnages contemporains ; il s'agit sans doute des aventures d'un jeune duc de la maison de France. Nous avons donc recherché quel pouvait être, à la fin du xive siècle ou dans les premières années du xve siècle, le prince que ce poème devait concerner. C'est, en effet, à cette époque que Christine a composé son livre du *Duc des Vrais Amans,* qui est certainement antérieur au *Livre des Trois Vertus pour l'Enseignement des dames,* où se trouve reproduite, dans la première partie, l'épître mentionnée plus haut de Sebille de la Tour [1] ; or, il est admis que le *Livre des Trois Vertus* a été

---

1. L'épître, adressée par Sebille de la Tour à la duchesse, reproduite presque textuellement au chapitre xxvii du livre I, est précédée de ce préambule :

« Pour ce que l'Epistre qui est contenue au livre du duc des « vrais amans, ou il est mis que Sebille de la Tour l'envoya a « la duchesse, puet servir au propoz qui ou chapitre cy après « ensuit sera de rechief recordée. Sy la puet passer oultre qui « veult, se au lire luy ennuye ou se autreffois l'a veue, quoy que « elle soit bonne et prouffitable a ouïr et notter a touttes dames « et haultes princesses et a autres a qui ce puet appartenir. » ·

écrit presque aussitôt après celui de la *Cité des Dames*, c'est-à-dire vers la fin de l'année 1404 [1].

Après avoir passé en revue tous les princes de la maison royale pouvant à cette époque être qualifiés de ducs, un seul nous a paru réunir les conditions nécessaires pour être le héros des aventures retracées par Christine. Malheureusement, nous n'avons pu jusqu'ici déterminer un fait précis qui transforme en certitude notre supposition vraisemblable. Ce prince serait le duc Jean Ier de Bourbon, fils du duc Louis II et d'Anne, dauphine d'Auvergne, comtesse du Forez. Né en mars 1380, on sait qu'il épousa, le 24 juin 1400, Marie de Berry, fille du duc Jean, qui était veuve de Philippe d'Artois, comte d'Eu, connétable de France (mort le 15 juin 1397) et, en premières noces, de Louis III de Chatillon, comte de Dunois (mort le 15 juillet 1391). Il est même fort possible que le poème du duc des *Vrais Amans* nous retrace les premières amours de Jean de Bourbon et de la duchesse de Berry. Christine n'a-t-elle pas composé une ballade dans laquelle elle fait allusion aux voyages lointains et aux amours du duc de Bourbon?

> Dont ne croy pas que celle qui enlace
> Vo gentil cuer en s'amour, quant le faiz
> Du hault labour, qui nul temps ne vous lasse,
> Ot raconter, que se souffrist jamais

1. Le *Livre des Trois Vertus* est dédié à la princesse Marguerite de Bourgogne, qui venait d'épouser le duc de Guyenne le 31 août 1404.

> De vous amer, quoy que tenu
> Vous soyez loings, mais souvent et menu
> D'or en avant verrez sa doulce face,
> Pour au plaisir honorable avenir
> Que dame peut donner sans que mefface.
>
> (*Tome I. Encore aültres Balades. IX, p. 278.*)

Les deux manuscrits qui ont servi à l'établissement de notre texte sont ceux de la famille *A* qui renferme seule le poème du *Duc des Vrais Amans*.

## IV. — CENT BALLADES D'AMANT ET DE DAME

Nous retrouvons dans ce recueil les mêmes sentiments que dans le *Duc des Vrais Amans*. Des alternatives identiques de situation s'y rencontrent même à un tel degré [1] que l'on peut se demander si ce nouveau poème ne forme pas la contre-partie du *Duc des Vrais Amans* et n'aurait pas été écrit par Christine à la prière de la duchesse Marie de Berry [2]. Dès les premiers vers Christine déclare, en effet, que la composition de ces ballades lui a été presque imposée par une personne «,doulce et debonnaire qui plaire doit bien a tous » et comme punition pour avoir sou-

---

1. Cf., par exemple, la Ballade LIII, p. 263, avec les vers 20 à 32 de la complainte qui termine le *Duc des Vrais Amans*.

2. Dans l'introduction du tome I, p. 13, nous avons dit que cette œuvre devait être composée pour la reine Isabelle de Bavière; mais une étude plus approfondie et la relation que nous avons cru apercevoir entre les deux poèmes nous font aujourd'hui modifier sur ce point notre première supposition.

tenu que les dames d'honneur doivent toujours se garder des impressions de l'amour.

Ce recueil de ballades, complètement inconnu jusqu'ici, n'existe que dans le ms. Harley 4.431, du Musée Britannique et est désigné dans notre tableau généalogique des manuscrits sous la lettre $A^2$, ainsi que nous l'avons indiqué dans la préface du tome I, p. 12 à 14.

Un autre exemplaire des *Cent Balades d'Amant et de Dame* se trouvait dans la Bibliothèque de Charles le Téméraire, comme le constate un Inventaire dressé à Dijon en 1477 (Barrois, *Bibl. protyp.*, n° 679). Un troisième manuscrit devait également renfermer cette composition à la suite de plusieurs œuvres de Christine, c'est le volume mentionné dans l'inventaire fait à Bruges en 1467 sous le n° 940 (Barrois) et à l'Inventaire de Bruxelles du 15 novembre 1487, sous le n° 1665. Ce dernier manuscrit [1], est en effet, indiqué comme se termi-

---

1. Ce manuscrit doit être le même que celui indiqué dans Barrois (Bibl. protyp.) sous le n° 940 comme figurant à l'Inventaire de 1467 sous la rubrique suivante : « 940. Ung autre « gros livre en parchemin couvert d'ais rouge, intitulé au dehors : « *C'est le livre des Cent Balades,* començant au second feuillet « après la Table : *Tous mes bons jours,* et au dernier : *Car son* « *retraire.* »

Nous pouvons, en effet, identifier le n° 940 avec le n° 1665 de l'Inventaire de 1487. Le premier vers du dernier feuillet « *Car son retraire* ou attraire » n'est séparé des derniers mots du même feuillet « *me fera tourner en cendre* » que par 93 vers qui, à deux colonnes par page, ne représentent certainement pas plus de la valeur d'un feuillet complet.

Le second feuillet est indiqué comme commençant par : « *Tous*

nant par les mots « *me fera tourner en cendre* » qui forment bien le dernier vers du lay de *Dame* ou *Mortel,* complément des *Cent Balades d'Amant et de Dame.*

Nous n'avons pu savoir ce que sont devenus ces deux manuscrits. Le manuscrit de Londres est donc le seul qui nous conserve le texte d'une

---

*mes bons jours* », mais il paraît y avoir doute sur l'incipit qui est donné en deux leçons au n° 1665 :

$$« \text{ De tous mes} \begin{cases} \textit{boni ou se mele chose moult dur} \\ \textit{biens et de ma norriture. } \end{cases} » \quad (sic)$$

Ce manuscrit figure plus tard à l'Inventaire de Charles Quint dressé à Bruxelles en mai 1536 sous la désignation suivante :

« Au XI° pupitre

« Ung gros livre en parchemin, escript à la main, couvert de « meschant cuyr rouge a ix clous et deux clouans de leton, inti-« tulé : *Rondeaulx et Épistres amoureuses*, comenchant au second « feuillet, *Tous mes bons jours.* » (Bibl. Nat. 500 de Colbert, 129 fol. 74 v°, et publié dans *Bull. de la Commission royale d'histoire*, 3° série, XIII, 314. Bruxelles, 1872.)

Il est ensuite recensé dans les Inventaires de mars 1568, 1577 (Viglius, n° 503), 1643 (Sanderus) et 1731 (Franquen), mais on ne le trouve plus à l'Inventaire de Gérard rédigé en 1797. C'est donc entre ces deux dernières dates qu'il est sorti de la Bibliothèque des ducs de Bourgogne (Marchal, *Cat. des manuscrits de la Bibl. roy. des ducs de Bourgogne*, I, 261).

Il est à remarquer que le premier vers du deuxième feuillet de ce manuscrit est le même que celui du manuscrit du duc de Berry conservé à la Bibl. Nat. et dont nous avons donné la description t. I, p. 5 à 12 ; cependant, aucune assimilation n'est possible entre eux, le manuscrit de la Bibl. Nat. ne renferme, en effet, ni la *Cité des Dames* ni les *Cent Balades d'Amant et de Dames,* et fit d'ailleurs aux xv° et xvi° siècles partie de la librairie des ducs de Bourbon à Moulins, puis à dater de 1523, de la Bibliothèque du Roi.

composition, intéressante et pleine d'une douce mélodie, qu'il eût été regrettable de voir perdue pour la postérité.

# NOTE SUR LE MANUSCRIT

## OFFERT PAR CHRISTINE DE PISAN

### A ISABEAU DE BAVIÈRE

(MUSÉE BRITANNIQUE, HARLEY 4431)

Au présent volume est jointe une reproduction photographique de la miniature de présentation du ms. Harleyen 4431 du Musée Britannique [1]. On a dit,

1. La photographie a été réduite de façon à pouvoir prendre place dans le volume. Les dimensions du manuscrit sont 37 centimètres pour la hauteur et 26 pour la largeur. — Un fac-similé en couleurs de la miniature a été publié par Henry Shaw, *Dresses and decorations of the Middle Ages* (London, 1843, in-4°, non paginé), à sa date (le numéro du manuscrit est transcrit 6441 au lieu de 4431), mais les couleurs n'ont pas été mises exactement. Il n'est donc pas inutile d'en donner une indication correcte. Le plafond est d'or ; les poutres sont alternativement rouges et vertes. L'azur des armes de France est moins foncé que celui des armes de Bavière (dans le fac-similé de Shaw l'azur est uniformément remplacé par une teinte brune). La reine porte une robe de brocard amaranthe. Elle est assise sur un canapé rouge vif, de la même teinte que le lit. Christine porte une robe bleue. Le livre qu'elle présente est relié en rouge avec cinq clous d'or. Les deux

dans la préface du tome I (pp. xii et xiii) que ce magni-
fique livre avait été fait pour la reine Isabeau de
Bavière. Il n'est pas hors de propos de résumer ici ce
que l'on sait de son histoire. Le premier feuillet de
garde, heureusement conservé, porte diverses signa-
tures qui ont permis à Sir Frédéric Madden, conserva-
teur des manuscrits du Musée Britannique, de déter-
miner les collections dont il a fait partie avant d'entrer
dans la Bibliothèque d'Edward Harley, comte d'Oxford,
avec laquelle il a été acquis par le Musée [1].

Il est probable que le manuscrit de Christine suivit
la fortune des livres réunis par Charles V et Charles VI,
qui furent acquis en bloc par Jean, duc de Bedford,
régent de France, en 1425 [2]. Celui-ci donna sans doute
ce beau livre à Jaquette de Luxembourg, sa seconde
femme, qu'il épousa en 1432. On lit, en effet, sur le
premier feuillet de garde la signature *Jaquete*, dont Sir
Frédéric a donné le fac-similé [3]. Le duc de Bedford
étant mort (14 septembre 1435), sa veuve se remaria
(1437) et épousa Sir Richard Wydeville, créé comte
Rivers le 24 mai 1466. L'aîné des enfants issus de ce
mariage fut Antony Wydeville, second comte Rivers,
qui a laissé son autographe sur le premier feuillet de
garde du manuscrit, à côté de la signature de sa mère :
*Nulle la vault. A. Rivieres* [4]. C'est ce personnage qui
traduisit en anglais les Proverbes moraux de Christine,

---

dames du fond sont vêtues de robes sombres tirant sur le noir. Les
quatre dames placées à droite portent la première une robe verte,
la seconde une robe rouge, la troisième une robe bleue, la qua-
trième une robe brune. Les deux chiens sont blancs.

1. Dans un mémoire intitulé : *Narratives of the arrival of
Louis de Bruges, seigneur de la Gruthuyse, in England, and of
his creation as Earl of Winchester in 1472*, imprimé dans l'*Ar-
chæologia*, t. XXVI (1836), pp. 265 et suiv.

2. Delisle, *Le Cabinet des manuscrits*, I, 52.

3. P. 272 du mémoire précité.

4. Fac-similé dans le mémoire précité, p. 213.

et il n'est pas douteux qu'il a dû en prendre le texte dans son manuscrit. Antony Wydeville mourut sur l'échafaud en 1483. Après sa mort, le manuscrit de Christine passa entre les mains d'un des plus célèbres bibliophiles du xvᵉ siècle, Louis de Bruges, sire de la Gruthuyse, qui a écrit sur le même feuillet de garde sa devise et son nom :

*Plus est en vous.*
*Gruthuse.*

Louis de Bruges mourut en 1492. La plus grande partie de ses livres fut recueillie par Louis XII, en des circonstances qui sont encore mal connues [1] ; plusieurs cependant passèrent en d'autres mains. De ceux-là les uns arrivèrent plus tard par des voies différentes à la Bibliothèque du Roi, les autres se trouvent actuellement répartis entre diverses collections [2]. A cette dernière catégorie appartient le manuscrit de Christine. On ignore par qui il fut recueilli après la mort de Louis de Bruges. Tout ce qu'on sait, c'est qu'en 1676 il appartenait au duc de Newcastle qui a apposé sa signature sur le premier feuillet de garde, comme suit :

*Henry duke of Newcastle,*
*his boke, 1676.*

En 1713, Lady Henriette Cavendish Holles, petite-fille de Henry, duc de Newcastle, épousa Edward Harley, qui devint comte d'Oxford, à la mort de son père Robert Harley (1724) [3]. C'est ainsi que le manuscrit

1. Voy. Delisle, *Le Cabinet des manuscrits*, I, 140 et suiv.
2. Delisle, ouvr. cit., I, 145 ; III, 349.
3. Edward Edwards, *Lives of the founders of the British Museum* (Londres, 1870), p. 234.

offert, entre 1410 et 1415[1], à Isabeau de Bavière par Christine, entra dans la célèbre collection Harleyenne, qui, acquise en 1753 par acte du Parlement, devint l'un des éléments avec lesquels fut constitué le Musée Britannique.

Paul MEYER.

1. Voy. la préface du tome I de cette édition, p. xxxvij.

# L'OROYSON NOSTRE DAME

---

CY COMMENCE UNE OROISON DE NOSTRE DAME

I

O Vierge pure, incomparable,
Pleine de grace inextimable,
De Dieu mere trés glorieuse,

4 A qui te requiert secourable,
Ma priere soit acceptable
Devant toy, Vierge precieuse!
Doulce dame, si te requier

8 Que m'ottroies ce que je quier :
C'est pour toute crestienté
A qui paix et grant joye acquier
Devant ton filz et tant enquier

12 Que tout bien soit en nous enté.

AVE MARIA.

II

Et, si com saint Bernart tesmogne,
Celle es par qui nous prolongne

---

(A¹ fr. 836, fol. 45 v°; A² fol. 267; B² fol. 154.) *Rubrique manque dans A¹.* — 12 *A¹* n. henté

Tout mal et qui adès ne fine
16    De procurer nostre besoigne,
Devers Dieu priant qu'il n'esloingne
De nous sa grace pure et fine,
Pour saincte Eglise requerir
20    Ce vueil qu'il te plaise acquerir
Paix et vraie tranquillité,
Et si bon pastour nous querir
Qui tous nous face a Dieu courir
24    En foy et en humilité.

AVE MARIA.


III    Vierge sacrée, pure et ferme,
         Si com saint Bernard nous afferme
En son saint sermon de l'Advent,
28    Celle qui en foy nous conferme
Et en purté, et nous defferme
Le ciel, si comme il fu convent,
Je te pri pour tous les prelaz
32    De saincte Eglise que des laz
De l'anemi tu les deffendes,
Curés et prestres, leur solas
Soit en bien faire et jamais las
36    Ne soient, et qu'ou ciel les rendes.

AVE MARIA.


IV    Onette, pure et enterine,
         De toute bonté la racine,
Si com saint Jerosme nous dit,
40    Assise ou plus hault termine
Du ciel par la grace divine

---

20 *B* Te — 21 *A*¹ vray transquillité — 28 *A*¹ n. conserve — 36
*B* N'en — *A*¹ que ou — *B* qu'en c.

Après ton filz, com fut predit,
Pour le roy de France te pri
44 Qu'en pitié tu oyes le cry
De ses bons et loyaulx amis,
Paix et vraye santé descry
A lui et ou livre l'escry
48 Ou Dieu a tous ses eslus mis.

AVE MARIA.

V O tu, Vierge predestinée
Trés avant que tu fusses née,
Ainsi le dit saint Augustin,
52 De la Trinité ordennée,
Pour nostre sauvement donnée,
Pure et perfaitte par destin,
Pour nostre roÿne de France
56 Te pry qu'elle n'ait ja souffrance
De peine infernal, et lui donnes
Joye et paix, et tiens en souffrance
Long temps au monde ; après l'outrance
60 De la mort de son ame ordonnes.

AVE MARIA.

VI D ame des angelz trés courtoise,
Si com tesmoingne saint Ambroise,
Mirouer de toute vertu,
64 Vraye humilité qui la noise
D'orgueil rabat et qui racoise
D'yre la force, et la vertu,
Paix, bonne vie et bonne fin
68 Donne a mon seigneur le Daulphin
Et science pour gouverner
Le pueple qui de bon cuer fin

L'aime, et vueilles qu'a celle fin
72    Après le pere il puist regner!

AVE MARIA.


VII   Roÿne, qui des maulx nous leve
          Lesquelx nous empetra dame Eve,
      Si com saint Augustin raconte,
76    Tu es celle qui n'es pas teve
      A nous expurgier de la ceve
      De pechié qui trop nous surmonte;
      Pour les enfants du roy priere
80    Te fais, Vierge trés sainguliere,
      Que tu leur donnes bonne vie,
      De vraye science lumiere
      Et paradis après la biere;
84    En eulx soit ta grace assouvie!

AVE MARIA.


VIII  Trés pure, qu'on ne puet louer
          Souffisemment, tant alouer
      S'y sache nul, dit saint Jerosme,
88    De doctrine le parlouer
      Et d'onnesté le mirouer,
      Le pilier de foy et la cosme :
      Pour le noble duc d'Orliens
92    Te pry que gardes des liens
      De l'anemi qui tousjours veille;
      Prie ton filz que de tous biens
      Il remplisse lui et les siens,
96    Et l'ame en paradis recueille.

AVE MARIA.


80 *A*' Viergre — 89 *A*' d'onnesteté — 94 *A*' Priens

IX     Vierge, qui tous les pechiez donbte,
         Dont en son sermon nous raconte
        Saint Bernard qui dit et recorde
100    Que de toy louer a droit compte
        Nul n'est souffisant, et pou monte
        Vers ta bonté quanque on recorde,
        Pour les oncles du roy prier
104    Je te vueil et mercy crier
        Que tu leur donnes paradis,
        Le royaume en paix alier,
        Tout bien, joye sans detrier,
108    Sapience en fais et en dis.

AVE MARIA.

X     Tresoriere, qui toutes passe
        Les femmes en qui Dieu mist grace,
        Si com saint Jerosme nous dit,
112    De sapience la grant masse
        Et celle qui noz maulx efface
        Et que Dieu point ne contredit,
        Tous les nobles royaulx enfans
116    De mal et de peril deffens,
        Filz, filles, dames, damoiselles,
        Le laz de l'anemi pourfens
        Si qu'il ne leur puist faire offens
120    N'a ceulx qui sont o eulx n'a celles.

AVE MARIA.

XI    Dame, de qui l'umain lignage
        Ne se puet en ce monde ombrage

---

99 *B* et accorde — 107 *B* b. donner s — 116 *B* et de pechié d.
— 120 *A*¹ ou c.

          Passer, ce dit Cassiodore,
124    Leur patronne, leur nef, leur barge
          Qui le conduit a droit rivage
          Ou temps passé et ou temps d'ore :
          Et pour d'Alebret le bon Charles
128    Te suppli qu'a ton doulz filz parles
          Et pour tout le bon sang royal,
          Soyent ou femmeles ou masles,
          Deffens des peines infernales
132    Et qui l'aime de cuer loyal.

          AVE MARIA.


XII       Fontaine, plëine de pitié,
          F   De grace et de toute amistié,
          Dist saint Bernard en son sermon,
136    Commune a tous, bien exploitié
          A qui de toy s'est acointié,
          Car de pechié romps le lymon,
          Je te pri, m'oroison reçois,
140    Et le royaume des François
          De mal et de peril tu gardes
          Et d'anemis, se l'aperçois,
          De guerre et de contens, ainçois
144    Que tes loyaulx amis y perdes.

          AVE MARIA.


XIII      O   Lumiere celestiele,
          O   De nous·conduire la droite elle,
          Si comme dit saint Anseaume,
148    Qui tant portas doleur cruele
          A la mort ton filz qui t'appelle,
          Tu lui es deffense et heaume :

131 A¹ D. es p.

Pour la noble chevalerie
152 De France, je te pri, Marie,
Et pour tous nobles ensement,
Leur ame ja ne soit perie ;
Par toy et par eulx soit garie
156 France de mal et de torment.

AVE MARIA.

XIV O engendrerece de vie,
Et de Dieu espouse et plevie,
De toy saint Bernard le recorde,
160 En corps et en ame ravie,
Ou hault ciel en gloire assouvie,
Fontaine de Misericorde :
Pour le clergié et les bourgois,
164 Dame, priere je te fois,
Et pour marchans et pour commun,
Prie Cil qui moru en croix
Que aux ames leur soit courtois,
168 Et tout bien soit entr'eulx commun.

AVE MARIA.

XV D ame, de grace la droite ente,
Qui devant Dieu nous represente,
Et ce tesmoigne saint Bernard,
172 Nostre moyen et nostre sente,
Nostre escu quant pechié nous tenpte,
Qui pour nous prie main et tart ;
Pour tous les laboureurs de terre
176 Te pri que leur vueilles acquerre
Sauvement, et leur donnes grace
Que tel labour puissent pourquerre,

164 A¹ te fais

Dont Dieu soit servi en tout erre
180    Et toute la terre en soit grasse.

AVE MARIA.

XVI    Coulombe simple, sade et blanche,
        De pechié monde, pure et franche,
    Si comme ton filz t'appella,
184    Quant de la mort passas la planche
    Et entre ses bras comme branche
    Ou ciel te porta, pour cela
    Te pri pour tous les trespassez
188    De Purgatoire qu'effacez
    Soit de leurs pechiez le limon ;
    Si soient en gloire passez,
    Et de ton filz soit embracez
192    L'esperit Charles roy quint du nom.

AVE MARIA.

XVII    Vierge mere, de Dieu ancelle,
        De la Trinité temple et celle,
    Saint Jerosme en fait mencion,
196    Après l'enfantement pucelle,
    Sur toutes femmes tu es celle
    Qui de grace eus prevencion :
    Pour le devot sexe des femmes
200    Te pri que leur corps et leur ames
    Tu ayes en ta saintte garde,
    Soient damoiselles ou dames
    Ou autres, gard les de diffames
204    Et que feu d'enfer ne les arde.

AVE MARIA.

---

180 *A*¹ grace — 189 *A*¹ de leur pechié — *B* le renom — 190 *A*²
Et s.

XVIII   Vierge pure, par les fontaines
         De tes chastes yeulz et les peines
        Qu'a ton filz veïs en la croix,
208     Dist saint Amsiaume, et les vaines
        De son corps qui pendoit en aines
        Ouvertes, te pri qu'os ma voix
        Et a ton filz, qui fut mort mis
212     Pour moy et pour tous mes amis,
        Il te plaise a faire priere,
        Et la gloire, qu'il a promis
        A ceulx qui ont pechié remis,
216     Nous ottroit et grace plainiere.

AMEN.

*Explicit*

210 *A² B²* p. oy — 217 *A¹* AVE MARIA.

# LES XV JOYES

## NOSTRE DAME

---

CY COMMENCENT LES XV JOYES
DE NOSTRE DAME RIMÉES

Glorieuse dame, je te salue
Trés humblement, de celles quinze joyes
Qu'en terre eus, doulce dame impolue,
4    Par ce te pry que reconfort m'envoyes.

Ave Maria.

I Prie pour moy, beneurée pucelle,
Pour le salu qui vint de Dieu le pere
Que t'aporta l'archange et la nouvelle
8    Que du filz Dieu seroies vierge mere.

Ave Maria.

---

(A¹ fr. 836, fol. 47; A² fol. 269; B² fol. 156.) — 2 A² B d'icelles q. — 5 A Priez — B² m. doulce dame p. — 6 B² Par — 7 A² te porta — 8 B² de D.

II    Empetres moy grace pour celle joye
       Que tu eus quant ta cousine encontras
    Helizabeth, qui salu en la voye
12    Te donna lors qu'en sa maison entras.

AVE MARIA.

III    Doulce dame, vueilles pitié avoir
       De mon ame pour ycelle leesce
    Que tu eus quant en ton ventre mouvoir
    Le Filz de Dieu sentis plein de sagece.

AVE MARIA.

IV    Digne Vierge, qui le Sauveur portas,
       Pour ycelle grant joye, secourir
    Tu me vueilles, que eus quant l'enfantas,
20    Et vien a moy quand je devray mourir.

AVE MARIA.

V    O Marie, garde moy des faulx tours
       Et de l'agait de l'anemi soubtil,
    Pour la joye que eus quant les pastours
24    Te trouverent et ton benoit chier fil.

AVE MARIA.

VI    Pour la grant joye et consolacion,
       Doulce Dame, que eus quant les troys roys
    A ton doulz filz par grant devocion
28    Vindrent offrir, gard moy de tous desroys.

AVE MARIA.

21 *A* gardes

VII    Pour ycelle joye qu'eus, chiere dame,
      Quant ton chier filz trés digne offris au Temple,
      De mal  garder vueilles mon corps et m'ame
32    Et me donnes vivre a ton bon exemple.

          AVE MARIA.


VIII   Reconfortes mon las cuer esperdu
      Pour la joye que eus quant retrouvas
      Ton chier enfant que avoyes perdu,
36    Et au Temple, Dame, tu le trouvas.

          AVE MARIA.


IX    Vierge, pries qu'a moy aidier enclin
      Soit ton doulz filz, pour ycelle grant joye
      Qu'eus aux nopces de saint Archetheclin,
40    Quant d'eaue vin fist par divine voye.

          AVE MARIA.


X     Que mon corps gaṛd de toutes meffaçons
      Pries ton filz, pour la joye sacrée
      Qu'eus quant de .v. pains d'orge et .ii. poissons
44    Cinq mille hommes replanis en la prée.

          AVE MARIA.


XI    Pour la joye qui en toy habita,
      Trés doulce Dame,  en ycelle journée
      Que ton doulz filz de mort ressuscita,
48    Me soit joye celestiel donnée.

          AVE MARIA.

---

39 *A² B²* Archedeclin — 43 *Tous les manuscrits portent* et de
.ii. — *A²* de .iii. p. — 46 *B²* a y.

XII    Doulce Dame, pour la joye plainiere
         Qu'a Pasques eus quant ton filz t'apparu
       Ressuscité, essaulces ma priere,
52     Et mez en moy la mort dont il moru.

Ave Maria.

XIII   Pries ton filz qu'après lui il me traye,
         Pour la joye qu'eus a l'Ascension,
       Quant il monta ou ciel, c'est chose vraye,
56     Si vrayement ay je salvacion.

Ave Maria.

XIV    Doulce dame, pour ycellui plaisir
         Que tu eus quant le Saint Esperit vint
       Aux Apostres conforter leur desir,
60     Ainsi me puist venir com leur avint.

Ave Maria.

XV    Vierge digne, pour la joye enterine
         Que eus au jour de ton Assompcion
       Qu'en ciel montas, de pechié la racine
64     Ostes de moy et mez devocion.

Amen.

*Explicit*

63 *B* Que ou c. — *A*[1] Ave Maria.

# UNE OROYSON

## DE NOSTRE SEIGNEUR

---

CI COMMENCE UNE OROISON
DE LA VIE ET PASSION DE NOSTRE SEIGNEUR

I    Sire Jhesus, mon oroison entens
Et me donnez grace que je recite
Ta trés digne vie et mort, que j'entens
4    A recorder, vueilles qu'il me proffite.

PATER NOSTER.

II    Conseillez moy pour le conseil trés digne
Qui ou ciel fu pour no redempcion
Pris, que ça jus descendroies benigne
8    Et prendroies nostre incarnacion.

PATER NOSTER.

III    Fay mon cuer lié en toy pour le salut

(A¹ fr. 836, fol. 63; A² fol. 259.) *Rubrique manque dans A¹.*

Qu'a la Vierge par Gabriel tramis
Lui annonçant que pour nostre salut
12   T'enfanteroit comme il estoit promis.

PATER NOSTER.


IV   O bon Jhesus, pour ta Nativité
Conforte moy et aide en tout besoing,
De mes pechiez oste l'iniquité
16   Et ne sueffres que de toy soye loing.

PATER NOSTER.


V   Trés doulz enfant, Emanuel plaisant,
Je te requier que pour yceulx pastours
Qui en creche te trouverent gisant
20   En tous besoings j'aye de toy secours.

PATER NOSTER.


VI   Pour le digne sang que tu respendis
A cellui jour que circoncis tu fus,
Sapience me donne en fais et dis
24   Et ne soit ja mon esperit confus.

PATER NOSTER.


VII   Ottroye moy toy faire oblacion
Et offrande qui te soit agreable
Si com firent par grant devocion
28   Les bons trois roys que tu os acceptable.

PATER NOSTER.


VIII   L'offrande que de toy ta mere au Temple
Fist, doulz Jhesus, es braz du saint prophete

Symeon qui t'attendoit, soit exemple
32   De m'ame offrir a toy Dieu qui l'as faitte.

      PATER NOSTER.

IX   En remembrant ton enfance et joennesce,
     Beau sire Dieux, qui tant fu nette et pure,
     Mes jours passer me donnes en leesce
36   Sans vice avoir et m'ame prens en cure.

      PATER NOSTER.

X   Le baptesme, que de saint Jhean receups
     Ou flun Jourdain quant la voix fu oÿe
     De Dieu qui dist : « C'est mon Filz esleüs! »
40   Face en vertus mon ame resjoÿe.

      PATER NOSTER.

XI   Pour la saintte jeune que tu volz faire
     Quand baptisiez fus entrez ou desert
     Quarante jours, ottroye moy perfaire
44   Tel jeune dont mon pechié soit desert.

      PATER NOSTER.

XII   Tes grans vertus et tes miracles sainttes,
     Tes doulz sermons et ta digne parole,
     Mon doulz Sauveur, soyent en moy empraintes
48   Si que n'aye cure de vie mole.

      PATER NOSTER.

XIII  Doulz Jhesu Crist, sens me donne et memoire
     De recorder en tel compassion
     Ta digne mort que me conduise en gloire
52   Le digne effect d'ycelle Passion.

      PATER NOSTER.

XIV  O bon Jhesus, pour celle saintte cene
     Que tu feïs avec tes bons amis
     Quant ton saint corps leur donnas, m'ame assene
56   Ou lieu ou as tous tes sains esleuz mis.

PATER NOSTER.

XV   Pour cellui sang qu'adorant a ton pere
     Ou jardin volz espandre pour l'orreur
     De ta grief mort, ensuivant ce mistere,
60   Me deffende de pechié et d'erreur.

PATER NOSTER.

XVI  Jhesus qui volz a heure de matines
     Des faulz Juifs estre pris et lié
     Pour noz pechiez a celle heure m'enclines
64   A toy t'aourer de cuer humilié.

PATER NOSTER.

XVII Sire, qui volz souffrir par ton humblece
     Le faulz Judas toy baisier et traïr,
     Si humble rens mon cuer qu'orgueil ne blece
68   M'ame et me fay pour toy pechié haïr.

PATER NOSTER.

XVIII Pardonne moy mes pechiez en l'onneur
      De ton saint col et dignes mains qui tant
      Estroit liez furent a deshonneur
72    Par les felons qui t'aloient batant.

PATER NOSTER.

XIX  O digne saint filz de Dieu trés humain,

---

64 *A*¹ t. orer — 70 *Le ms. B dont plusieurs feuillets ont été arrachés donne seulement à partir de ce vers, fol. 121, le texte de l'Oraison.*

Qui chieux Anne celle nuyt mal mené
Fus et bandé et ferus jusqu'au main,
76    Fay que de toy soit mon desir mené.

PATER NOSTER.

XX    Sauve moy, doulz Jhesus, en remembrance
Qu'a l'evesque Caÿphe on te mena
Au point du jour ou par irreverence
80    On t'accusa, frapa et malmena.

PATER NOSTER.

XXI    Dieux, donne moy pacience en memoire
Que fus ferus devant Cayphe a tort
Et accusé, et pour parole voire
84    Que tu lui diz te dist digne de mort.

PATER NOSTER.

XXII    Beau sire Dieux, qui a heure de prime
Chieux Pylate fus mené par envie,
La accusé sans desserte et sans crime,
88    Donne moy sens de vivre en saintte vie.

PATER NOSTER.

XXIII O mon Sauveur, trés doulz aignel sans tache,
Si vrayement que sans cause batu
Chieux Pylate fus liés a l'estache,
92    Ne soit mon sens de deables abatu.

PATER NOSTER.

XXIV Sire Jhesus, pour ycelle couronne
Dure et poingnant jusqu'au cervel qu'ou chief
Par grant desdaing te mirent, me pardonne

77 *B*¹ en reverence — 82 *A* f. frappez — 84 *A* Q. tu deïs

96      Mes griefs pechiez et me gard de meschief!

PATER NOSTER.

XXV  Mon Createur, le gabois et desroy
  Et le mantel de porpre et les bateures
  Qu'on te faisoit, disant : « Dieu te gard, roy! »
100  De mes pechiez deffacent les laidures.

PATER NOSTER.

XXVI Tes dignes yeulx bandez, ta sainte face
  De trés grans cops noircie et decrachée,
  Ton digne sang qui decouroit a trace,
104  Me deffendent qu'en griefs pechiez ne chée.

PATER NOSTER.

XXVII Le hydeux cry disant : « Ostez le nous,
  Crucefie le! » que crierent Juifs
  Encontre toy, mon Createur trés doulz,
108  Me soit d'avoir pacience conduis.

PATER NOSTER.

XXVIII Mon Redempteur, qui condenpné a heure
  De tierce fus par Pylate, ses mains
  Lavant, te pri qu'a mes besoings je cuere
112  A toy et tu me prengnes en tes mains.

PATER NOSTER.

XXIX Dieu qui souffris sus tes espaules mettre
  La trés grant croix, toy menant au martire,
  Ta passion en mon cuer sans desmettre
116  Vueilles fichier si qu'a t'amer me tire.

PATER NOSTER.

101 *B*¹ ta digne f.

XXX   Pardonne moy mes pechiez pour les larmes
        Que tu gittas disant vers la cité :
        « Plourez sur vous, de Jherusalem dames
120    Et filles, car arez adversité. »

PATER NOSTER.

XXXI Celle doleur qui te fu trop diverse
        Quant arrivé fus au Mont de Calvaire
        A despoullier ta robe qui aherse
124    Aux plaies fu, face m'ame a toy traire.

PATER NOSTER.

XXXII O mon Seigneur, envoie moy fontaine
        De plour, pensant comme fus estendu
        Dessus la croix ou l'un braz a grant peine
128    Oz a un clou fichié moult fort tendu.

PATER NOSTER.

XXXIII La cruaulté des Juifs nonpareille
        Qui a cordes pour au trou avenir
        Fort l'autre main tirerent, tant me dueille
132    Que merite j'aye du souvenir.

PATER NOSTER.

XXXIV Par tes saints piez qui detirez a cordes
        Et estendus furent pour atachier
        A un gros clou en la croix, Sire, accordes
136    Si m'ame a toy que ne puisse pechier.

PATER NOSTER.

XXXV O mon Sauveur, innocent, amiable,
        Emprains en moy, sans partir, le recors
        De la douleur que eus inextimable

126 *B*¹ p. comment f. — 135 *B*¹ a la c.

140    Quant la croix fu levée atout le corps.

PATER NOSTER.

XXXVI    Mon Redempteur, en celle croix t'aour
         Ou pour moy fus atachié a trois cloux,
         Ta Passion en t'amoŭr et paour
144      Me tiengne si qu'Enfer soit vers moy cloux.

PATER NOSTER.

XXXVII   Par les larmes qu'a ta mort gitta maintes
         Et la pitié que ta Mere ot de toy
         Et pour s'amour et ses merites saintes
148      Aye pardon, Sire, et non dur chastoy.

PATER NOSTER.

XXXVIII  O digne chief de Jhesu qui pendoies
         Sans place avoir ou peusses reposer,
         Fors que la croix autre oreillier n'avoyes,
152      Fay que mon cuer puisse en toy tout poser.

PATER NOSTER.

XXXIX    Ayes mercy de moy par ta pitié,
         Pour les sainttes paroles que parlas
         Pendant en croix, jusqu'a mort dehaitié,
156      Pour nous tirer d'Enfer ou tu alas.

PATER NOSTER.

XL       Pardonne moy par ta misericorde,
         Sire, qui deis : « Pere, pardonne leur,
         Car ne scevent qu'ilz font! » mon ame acorde
160      A ton vouloir soit de joye ou douleur.

PATER NOSTER.

160 *A* ' *B* ' ou de d.

XLI    Doulz Jhesus Crist qui au bon larron deis
         En croix pendant qui demandoit pardon :
         « Huy, tu seras o moy en Paradis ! »
164    Remission m'ottroye aussi par don.

PATER NOSTER.

XLII  Pour la pitié dont regardas ta mere
         Quant lui baillas pour toy saint Jehan a filz,
         Disant : « Femme, voycy ton filz ! » ta amere
168    Mort si me soit vie, saint crucefix.

PATER NOSTER.

XLIII Sire qui deis : « J'ay soif » pendant en croix
         Et fus de vin aigre et de fiel amer
         Abeuvré, fay que quant aux griefz destroiz
172    De mort seray te puisse reclamer.

PATER NOSTER.

XLIV Tu qui crias : « Heloy ! » qui fu signe
         De grant doleur, disant qu'abandonné
         Ton Dieu t'avoit, soies la medecine
176    Contre le mords qui pechié m'a donné.

PATER NOSTER.

XLV   Otroye moy grace que je commande
         Mon esperit en tes mains au trespas
         De la mort, si com feis payant l'amende
180    De noz pechiez a ton pere en ce pas.

PATER NOSTER.

XLVI « Consommé est ! » ce deis tu, ce ert a dire
         Qu'acomplies erent les escriptures

161 *A* ' *omet* Crist — 176 *A*² m. que p. — 179 *A*¹ c. fais — 181 *A* ¹ cy e.

Que prophetes orent voulu escripre
184  De toy, Sire, qui de mon ame cures.

PATER NOSTER.

XLVII Sire Jhesus, qui a heure de nonne
       Ton esperit rendis a Dïeu le Pere,
       Ottroye moy que quant celle heure sonne
188    Souvenance de ta mort en moy pere.

PATER NOSTER.

XLVIII Grace te rends, mon doulz Sauveur, qui volz
       Pour noz pechiez en croix estre penez,
       Ta Passion face noz cuers devoz
192    Si qu'en Enfer ja ne soyons menez.

PATER NOSTER.

XLIX O trés saintte deïté ! qui brisas
     Enfer avec l'ame Jhesus, quant hors
     Tyras les tiens, l'esperit qu'en moy mis as
196  Tires a toy quant ystra de mon corps.

PATER NOSTER.

L    Dieu, ayde moy pour les signes tremblables
     Dont le soleil mesme mua sa fourme
     Qui a ta mort parurent redoubtables
200  Certefians qu'estoies Dieu et homme.

PATER NOSTER.

LI   Trés saint costé de Jhesus que Longis
     Navra, dont sang et eauve hors sailli,
     Par merite de toy, soye ou lougis
204  De Paradis qui jamais n'yert failli.

PATER NOSTER.

LII  Mon Redempteur qui de la croix jus fus

A heure de vespres mis et osté
Tes bons amis presens, ne fay reffus
208 De moy, ains metz mon ame a ton costé.

PATER NOSTER.

LIII Pour les larmes qui respandues furent
Sevelissant et oingnant ton corps saint
Et pour ta mere et ceulz qui pitié eurent,
212 Dieu, fay mon cuer d'ycelle pitié çaint.

PATER NOSTER.

LIV Mon doulz Sauveur, qui en sepulcre mis
A heure de complie fus, te pry
Que deffendes et moy et mes amis
216 De touz perilz et oyes mon depry.

PATER NOSTER.

LV En l'onneur du sepulchre ou Magdaleine
Le samedi matin ala cerchier
Ton digne corps, pour l'amour et la peine
220 Des trois dames, ayde moy, Sire chier.

PATER NOSTER.

LVI Beau Sire Dieux qui volz de mort a vie
Ressusciter le jour de Pasques, fays
Ressusciter mon ame qui desvie
224 Par grief pechié se tu n'ostes le fais.

PATER NOSTER.

LVII Conforte moy en mon adversité
Si com tu feis ta Mere, a qui en joye
Tu t'apparus en corps ressuscité

219 *A*² c. et

228    Et aussi a Magdaleine en la voye.

PATER NOSTER.

LVIII Envoye moy secours pour le confort
      Qu'a tes amez disciples et a Pierre
      Donnas, adonc que ressuscis de mort
232   Leur apparus, yssus hors de la pierre.

PATER NOSTER.

LIX   Mon doulz Sauveur, pour celle Ascension
      Ou tu montas ou ciel, presens les tiens,
      Quarente jours puis ta surreccion,
236   M'ame et mon corps en toy servant maintiens.

PATER NOSTER.

LX    Beau Sire Dieux, et si qu'a Penthecoste
      Enluminas tes Apostres du Saint
      Esperit, vueilles que celle doulceur gouste
240   Qu'ilz sentirent que ta vertu ençaint.

*Explicit*

---

228 *A* Et ainsi — 233 *Le texte de B¹ s'arrête ici par suite de
feuillets arrachés.* — *A² B¹* c. Assompcion — 239 *A²* qu'icelle d.

# LES

# ENSEIGNEMENS MORAUX

---

I     ɪʟᴢ, je n'ay mie grant tresor
         Pour t'enrichir; pour ce trés or
         Aucuns enseignemens noter
      Te vueil, si les vueilles noter.

II    Aimes Dieu de toute ta force,
      Crains ley et du servir t'efforce,
      La sont, se bien les as apris,
      Les dix commandemens compris.

III   Trés ta joennece pure et monde

($A^1$, fr. 836, fol. 42; $A^2$ 263$^{vo}$; $B^1$ fol. 118; $B^2$ fol. 149$^{vo}$).
   *Rubrique* BC y commencent les notables moraulz de Cristine de
Pizan a son filz. — *Rubrique* $A^2$ Ci c. l. enseignemens que Cris-
tine donne a son f. — I 3 $B^6$ e. monstrer. — II 4 $A^2$ Ces d. —
III 1 $B^6$ Des ta — III *et* IV *intervertis dans* B.

Aprens a congnoistre le monde
Si que te puisses par aprendre
Garder en tous cas de mesprendre.

IV    Tant t'estudies a enquerre
Que prudence puisses acquerre,
Car celle est des vertus la mere
Qui chace Fortune l'amere.

V    En quelque estat que soyes mis
Par Fortune ou tu es soubzmis
Gouvernes toy si en tel ordre
Que de vivre en sens ayes ordre.

VI    Se tu veulz en science eslire
Ton estat par les livres lire,
Fays tant, et par suivre l'estude,
Qu'entre les clers ne soyes rude.

VII    Se tu es noble et veulz les armes
Suivir, il fault que souvent t'armes,
Ou l'en te tendroit pour faillis,
Sans honneur, lasche et deffaillis.

VIII    Gar toy de servir mauvais maistre,
Car mauvais te couvendroit estre
S'avoir vouloies benefice,
Si vault mieulx fuïr tel service.

IX    Soies loyal a ton seigneur
Naturel, tu ne dois grigneur

IV 3 *A* ¹ de v. — VII 3 *et* 4 *B* En mainte terre ou deffaillis — On te tendroit et pour faillis. — VIII 1 *à* 4 *B* Mauvais maistre ne sers pour rien — Car bon fruit n'yst de mal merrien — Et son meneur il couvient suivre — Si te fauldroit ses meurs ensuivre *ou* tost s. — 3 *B*⁶ En ses meurs il te couvient s.

Foy a homme, saches de voir,
Ne faulses pour quelconque avoir.

X      Veulz tu vaincre et long temps durer ?
Aprens ton cuer a endurer,
Car par bien endurer aprendre
Pourras paix et beneurté prendre.

XI     Se tu as maistre, serfs le bien,
Dis bien de lui, garde le sien,
Son secret celes, quoy qu'il face
Soies humble devant sa face.

XII    Trop covoiteux ne soies mie,
Car covoitise est anemie
De charité et de sagece,
Et te gar de fole largece.

XIII   Se d'armes avoir renommée
Tu veulz, si poursui mainte armée ;
Gard qu'en bataille n'en barriere
Tu ne soies veü derriere.

XIV   Se es capitaine de gent,
N'ayes renom d'amer argent,
Car a peines pourras trouver
Bonnes gens d'armes s'es aver.

XV    Se Fortune t'a tant amé
Que tu soyes seigneur clamé
Entre tes subgiez perilleux
Ne soies, ne trop orgueilleux.

IX 4 *B* Faulx ne soyes pour nul a. — X *omis dans B* — XII 4
*A* ' Et te garde de f. — *B* ' Te garde de — XIV 1 *B* Se tu es. — 4 *B* ⁶
Bons g. d'a. s'en veulx avoir. — XV *Placé dans B après le* n° LIII
— 1 *A*' t'ai t.

XVI    Se païs as a gouverner
Et longuement tu veulz regner,
Tien justice et cruel ne soyes
Et de grever gens ne quier voyes,

XVII    Se tu as estat ou office
Dont tu te mesles de justice,
Gardes comment tu jugeras,
Car devant le grant juge yras.

XVIII    S'as disciples, ne les reprendre
En trop grant rigueur, se mesprendre
Les vois ; pense que foible et vaine
Est la fragilité humaine.

XIX    Se tu es homs d'eglise ou prestre,
Religieux ou moine en cloistre,
Gard toy que dessoubz faintte chape
Souffisance et paix ne t'eschappe.

XX    S'a toy n'apertient n'a ta vie,
Ne te mesles, n'aies envie
Sus prince ne sus qui gouverne,
N'en fay tes devis en taverne.

XXI    Portes honneur aux renommez
Aux anciens, aux bons nommez,
De vaillans gens toudis t'acointes,
Mieulz en vauldras que des plus cointes.

XXII    Ne soyes entre gent honteux
Ne trop bault, fel ne rioteux,

---

XVI 1 $B^5$ Se pou a. — 4 $B$ Ne d. — XVIII 1 $A$ 1. mesprendre —
XIX 3 et 4 $B$ N'ayes en toy grant convoitise — Papelardie ne
faintise. — XX 3 $B$ Des p. — 3 $B^6$ ne ceulx q.

Mais debonnaire a toute gent;
Tiens estat selon ton argent.

XXIII    Se de marchandise te vifs
Vens et achate a ton advis
Si que ne perdes ou marchié,
Mais ne deçoys nul, c'est pechié.

XXIV    Se tu as besoing et mestier
De toy vivre d'aucun mestier,
Soies soingneux et prens en gré,
Car ou ciel est le hault degré.

XXV    Se tu viens en prosperité
A grant chevance et herité,
Gardes qu'orgueil ne te surmonte;
Penses qu'a Dieu fault rendre conte.

XXVI    Tiens toy a table honnestement
Et t'abilles de vestement
En tel atour qu'on ne s'en moque,
Car on congnoist l'oeuf a la coque.

XXVII    Se tu es joennes et polis,
De pou de coust soyes jolis
Sans toy grever pour mettre en robes,
Tiens toy net et nul ne descobes.

XXVIII Aies pitié des povres gens
Que tu vois nudz et indigens
Et leur aide quant tu pourras;
Souviengne toy que tu morras.

---

XXII 4 *B* T. toy net s. — XXIII 4 *B¹ omet* Mais — XXVI 3 *A¹* ne se m. — XXVIII *Placé dans B après* XXXI — XXVIII 1 *A¹* p. de p.

XXIX Soies constant, tien ton propos
Du bien faire qu'as en propos,
Car homme qui change souvent
Ne puet estre preux ne savent.

XXX Aimes qui te tient a ami
Et te gard de ton anemi;
On ne puet avoir trop d'amis
N'il n'est nulz petiz anemis.

XXXI Soies veritable en parole,
A point tais et a point parole,
Car qui trop parle par usage
Est souvent tenus a pou sage.

XXXII Ne croy pas de legier raport
Haÿneux qu'autrui te raport,
Pense se haïne ou grant yre
Ou flaterie lui fait dire.

XXXIII Tiens ta promesse et petit jure,
Gard ne soies trouvé parjure,
Car le menteur est mescreü
Et, quant voir dit, il n'est creü.

XXXIV Pour perte d'amis ou de biens
Ne ché es en desespoir et tiens
Qu'assez est poissant Dieu celestre
Pour toy aidier et pour toy paistre.

XXXV Du bien d'autrui n'aies envie,
Car l'envïeux trés en sa vie

XXX placé dans B après XXXIII — XXXI vient dans B après
XXIX — XXXII 3 B⁴ P. s'euvre ou — XXXIII 2 A¹ Car — XXXIII
placé dans B après XXVIII

Possede les peines d'enfer,
C'est plus pesant fardel que fer.

XXXVI Lis voulentiers belles hystoires
Quant tu porras, car les nottoires
Exemples sont souvent valables
Et font gent devenir savables.

XXXVII Ne promèz mie de legier
Qu'on ne te tiengne a mençongier,
Mais ce qu'as promis si le tien,
Car le don promis n'est plus tien.

XXXVIII Ne croy pas toutes les diffames
Qu'aucuns livres dient des femmes,
Car il est mainte femme bonne,
L'experïence le te donne.

XXXIX Gardes toy bien, ja ne t'aherdre
A jeux ou chevance on puist perdre ;
Paume et dez font souvent au bas
Mettre maint, je n'en doubte pas.

XL Se tu veulx vivre a Court en paix
Voy et escoute et si te tays,
Ne te coürroces de legier,
Dongereux ne soit ton mengier.

XLI Fuis compaignie riouteuse
Et femme petit cremeteuse,
Trompeurs, moqueurs et mesdisans,
Et gent qui sont autrui nuisans.

XXXVI 4 *B* Et si en est on plus s. — XXXVIII *A²* de f. — XXXIX
3 *et* 4 *B* Jeux de paulme et dez defenduz — Sont souvent, maint
en sont penduz *ou* maintes gens p.

T. III 3

XLII   Se tu vois ton seigneur mesprendre
       Ou tu os ton maistre reprendre,
       Gard que de ce ta bouche n'euvre,
       Ains l'excuse et son meffait cueuvre.

XLIII   Se tu es noble ou tu t'i tiens
       Ou moult riche toy et les tiens,
       N'en soies pour tant orgueilleux,
       Car tout n'est qu'un vent perilleux.

XLIV   Cest enseignement tiens et nottes :
       De nyce femme ne t'assotes
       Se tu veulz amer par amours,
       Car pis en vauldroient tes mours.

XLV   Se tu vois Fortune propice
       A toy en chevance ou office,
       Pour toy et pour les tiens t'atourne
       D'acquerir ains qu'elle se tourne.

XLVI   Aies contenance plaisant,
       Trop estourdi ne trop laisant
       Ne soit ton maintien, ains t'arreste
       Et meine a point et mains et teste.

XLVII   Ne soies deceveur de femmes,
       Honoures les, ne les diffames ;
       Souffise toy d'en amer une
       Et ne prent contens a nesune.

XLVIII   Ne vueilles trouver a redire
       Sus chascun ne d'aultrui mesdire,

---

XLII 1 *A²* voix — 4 *A¹* son fait c. — XLIII 3 *B* Ne s. — 4 *B* que v. — *A* que un —XLIV 4 *A¹* mors — XLVI 3 *A²* et *B supriment* t'a.

Gardes que bien soyes apris,
N'aies chaloir d'autrui mespris.

XLIX    Se tu congnois homme envïeux,
Ne le hente, soit joenne ou vieux,
Car envie est si male tache
Que le lieu courrompt ou s'atache.

L    Le blandissement des flateurs
Ne crois, car dient les auteurs
Que le flateur souvent la moe
Fait en derriere a cil qu'il loe.

LI    Se tu veulz femme espouse prendre,
Par la mere pues tu aprendre
Ses meurs, non obstant que, sans faille,
Il est pou rigle qui ne faille.

LII    N'aies en desdaing nul chastoy,
Ne desprises mendre de toy,
Car il est de telz mauvestus
Ou plus qu'en toy a de vertus.

LIII    Se tu es joenne et esbatant,
Ne fay pas si le fol pour tant
Qu'il appere aux gens en tout sens
Qu'il n'ait en toy arrest ne sens.

LIV    A jeux d'eschas n'a jeux de tables
N'a aultres, legiers ou notables,
Ne soies fel ne oultrageux
Et te joue a gracïeux jeux.

---

LIV 1 à 4 *B* Joue toy a gracieux geux — Fel ne soyes ne oul-
trageux A geux d'eschez n'a geux de tables — N'a autres tant
soient notables.

LV      Se tu as femme bonne et sage
        Croy la du fait de ton mainage.
        Adjouste foy a sa parole,
        Mais ne te conseille a la fole.

LVI     Gardes ne prens males coustumes
        N'en parler lait ne t'acoustumes,
        Car le fol plus qu'a la karole
        Est apperceu a la parole.

LVII    Souvent ne menaces de batre,
        De teste rompre ou braz abatre,
        Car c'est signe de couardie,
        Personne ou fole ou pou hardie.

LVIII   Bienfait d'autrui ne celes pas
        Mais du mal te tais en tout pas,
        Ne te vantes de tes bienfais,
        Car ton loz en seroit deffais.

LIX     Se tu es ja vieux devenus,
        Les joennes qui ne sont chanus
        Ne soient de toy trop confus,
        Souviengne toy que joennes fus.

LX      Se Fortune t'a bien hault mis
        Par seigneurs ou ayde d'amis,
        Ne sueffre trop te faire honneurs
        Qu'envie n'en sourde es meneurs.

LXI     En ta vieillece en nulle guise
        De vestement ne te desguise
        Ne de mignote cointerie,

Car sourdre en pourroit moquerie.

LXII    Soies diligent en tes fais
       Et prudemment soustiens grans fais,
       Si acquier, se pues, en joennece
       Pour avoir repos en vieillece.

LXIII   Ne soies malencolieux
       Entre gent et en temps et lieux
       Fais requeste, se as afaire,
       Tousjours n'est pas temps de la faire.

LXIV   S'il avient que riches deviengnes.
       Gard que trop grant estat ne tiegnes,
       Pour aux plus grans t'acomparer
       Tu le pourroyes comparer.

LXV    Se service d'aucun reçois
       Guerdonne lui, se pues, ainçois
       Qu'il t'en demande benefice,
       Ne soies ingrat, c'est grant vice.

LXVI   A poissant homme decepvable,
       S'il te puet estre moult grevable
       Fay lui acroire, s'il puet estre,
       Qu'il est ton ami et ton maistre.

LXVII  Ton secret a nul ne reveles
       Sans achoison, n'autrui nouvelles
       Ne gehis quant de riens ne sert,
       Car qui se descueuvre il s'assert.

LXII 2 *A* s. tes f. — LXIII 1 *A³* merencolieux — LXV 1 *à B* Garde
l'amour de tes amis — Et tiens ce que tu as promis — Ne soyes
ingrat de service — Qu'on t'ait fait, dessers benefice — 3 *A¹* te d.
— LXVI 1 *B ajoute* et d.

LXVIII L'avoir qu'as a grant peine acquis  
   Se il t'est a prester requis  
   Soies ent si aperceü  
   Que tu n'en soyes deceü.

LXIX  S'une personne en toy se fie,  
   Poson qu'après il te deffie,  
   Ce qu'il t'a dit ne dois gehir  
   Tant te puist grever ne haïr.

LXX  Fay voulentiers en champs ou ville  
   Ce en quoy te sens plus habile,  
   Car maint par bien pou de savoir  
   Sont avenus a grant avoir.

LXXI  Acquiers amis par beau service,  
   Se puez, sans pechié et sanz vice,  
   Mais bien gardes a qui t'emploies  
   Et a quel requeste te ploies.

LXXII Ne prens estrif contre autrui conte  
   De chose qui a toy ne monte,  
   Ne blasmes a nul son païs,  
   Car maint en ont esté haïs.

LXXIII Fuis oyseuse, se veulx acquerre  
   Honneur, chevance, loz et terre,  
   Gard toy de delit non valable,  
   Eschives fait deshonnorable.

LXXIV Se tu as en toy parler sage  
   Et de bien dire aies usage,  
   Gard qu'on ne puist de toy retraire  
   Que ton fait soit au dit contraire.

LXVIII 4 *B* tu ne s.

LXXV   Deshonneur d'autrui ne racontes
        Ne voulentiers n'en tiens tes contes.
        Ains, s'aultre le dit, fays ent paix,
        Se tu puez, ou se non t'en tais.

LXXVI   Se tu veulz fuïr le dongier
        D'amours et du tout l'estrangier,
        Eslongne toy de la personne
        A qui ton cuer le plus se donne.

LXXVII  Se bien veulx et chastement vivre,
        De la Rose ne lis le livre
        Ne Ovide de l'Art d'amer,
        Dont l'exemple fait a blasmer.

LXXVIII  Se tu veulz lire des batailles
        Et des regnes les commençailles,
        Si lis Vincent et aultres mains,
        Le Fait de Troye et des Rommains.

LXXIX   Pour devocion acquerir
        Se tu veulz es livres querir,
        Saint Bernard et aultres auteurs
        Te seront ence fait docteurs.

LXXX    S'en amours tu as ton vouloir
        Et veulz amer pour mieulz valoir,
        Ne t'en mez tele rage ou pis
        Que tu en puisses valoir pis.

LXXXI   Pour sembler plus grant et plus riche
        Ne te pares d'autrui affiche,
        Car cil, cui elle est, s'on t'en loe,
        Tost dira que la chose est soe.

LXXV 4 A' n. te t.

LXXXII S'a ton besoin de ton ami
Empruntes, ne jour ne demi
N'oblies qu'il le te fault rendre
Et penses de tant mains despendre.

LXXXIII Se pues par bel ou par grant cure
Le tien pourchacier, n'aies cure
De mouvoir plait ou a maint triche,
Car a peine est grant plaideur riche.

LXXXIV Ne tiens maignée a ton loyer
Si grant que ne puisses paier,
Car souvent par trop gent avoir
On despeni la terre et l'avoir.

LXXXV Se tu te sens de chaude cole
Fay que Raison a son escole
T'aprengne a tes sens ordenner,
Par ce te pourras reffrener.

LXXXVI Ne raportes parole aucune
De quoy sourdre puisse rancune;
Ton ami rapaise en son yre,
Se tu pues, par doulcement dire.

LXXXVII Trop ne te dois humilïer
Ne moult estre familier
A tes serfs ne jouer des mains,
Car prisier t'en pourroient mains.

LXXXVIII Se tu reprens l'autrui meffait
Si gardes si bien en ton fait

LXXXIII 4 *B* C. onc g. p. ne fut r. — LXXXIV 3 *B* Souvent p.
t. maisgnie a. — LXXXVI 2 *B* q. il puist s. r. — LXXXVII 2 *B*
Ne trop — 3 *B* gens ne

Qu'il n'ait en toy ce mesmes blasme;
Fol est diffamé qui diffame.

LXXXIX Ne fay pas longuement requerre
Ce que veulz donner n'aler querre,
Car qui tost le don abandonne
Qu'on veult donner deux fois le donne.

XC     Se es par Fortune desmis
D'office et a povreté mis,
Penses qu'on se muert en pou d'eure
Et qu'ou ciel est nostre demeure.

XCI    Selon ton pouoir vestz ta femme
Honnestement et si soit dame
De l'ostel après toy, non serve,
Fay que ta maignée la serve.

XCII   A ton pouoir gard toy d'acquerre
Anemis n'a nul mouvoir guerre,
Sans grant cause ja ne t'y boute,
Car en guerre chiet mainte doubte.

XCIII  Ne soyes rioteux a table
Mais avec ta gent si traitable
Qu'on ait ta compaignie chiere,
Ne fay entr'eulx despite chiere.

XCIV  Fay toy craindre a ta femme a point
Mais gard bien ne la batre point,
Car la bonne en aroit despis
Et la mauvaise en vauldroit pis.

LXXXVIII 4 *A* Quar f. e. le blasmé q. blasme — LXXXIX et
XC *B les intervertit* — XC 1 *B*⁴ Se tu es — 4 *A* que ou — XCI 4
*A*¹ le s. — XCII 4 *B* C. n'es pas aises se tu d. — XCIII *omis dans*
*A* — 2 *B*⁴ M. avecques g.

XCV     Tes filz fay a l'escole aprendre,
         Bat les se tu les vois mesprendre,
         Tien les subgiez et en cremour
         Et leur celes ta grant amour.

XCVI     Tien tes filles trop mieulx vestues
         Que bien abuvrées ne peues ;
         Fay les aprendre bel maintien
         Ne point oyseuses ne les tien.

XCVII    Reffrain ta langue en ta grant yre,
         Et s'adonc te tiens de trop dire
         Ce sera vray signe et message
         Que tu es constant, ferme et sage.

XCVIII   S'a moyen estat puez venir
         Souffise toy du maintenir
         Se tu ne puez grigneur avoir
         Sans grever gent ne decepvoir.

XCIX     Ains que tu parles si t'avise
         Que veulz dire et en quel devise,
         Tu parleras plus sagement
         Devant gent et en jugement.

C          Nouveaulz argumens ne debas
         Ne meus, souvent ne t'en debas,
         Car haïr se fait l'estriveur
         Qui trop d'argumens est trouveur.

CI        Donne liement, se tu donnes,
         Meffait au repentant pardonnes,

---

XCV 4 *A*¹ l. celle — XCVI 3 *B* F. leur a. — XCVII 3 *A*¹ tel m.
— XCVIII *A partir de ce n° le texte de B*¹ *fait défaut par suite
de feuillets arrachés* — XCIX 2 *B ajoute* tu v. — CI *omis dans A*

T'amour ne change de legief
Tes acointes tost n'estrangier.

CII     Gardes bien qu'yvrece ne face
Changier ton parler ne ta face
Ne ton sens, car c'est trop grant honte
Quant vin le sens d'omme surmonte.

CIII     Ta parole soit ordonnée,
Tost ne trop laisamment menée
Ne soit, n'en parlant par usage
Ne fais grimaces du visage.

CIV     Se Dieu t'a envoyé victoire
En quelque cas belle et nottoire,
Les vaincus trop mal n'atourner,
Tu ne scés ou tu puez tourner.

CV     Se tu scés que l'en te diffamme
Sans cause et que tu ayes blasme
Ne t'en courcer ; fay toudis bien,
Car droit vaintra, je te di bien.

CVI     S'aucun parle a toy, bien pren garde
La fin que le parlant regarde,
Et, se c'est requeste ou semonce,
Pense un petit ains la response.

CVII     Se tu as a faire requeste
Gard que raisonnable et honneste
Soit, ne travailles tes amis
Sans cause, quoy qu'on t'ait promis.

CVIII     Ains que commences grant ouvrage

CII 1 *A* que y. — CIII 2 *A*¹ Trop ne trop

N'a toy vengier d'aucun oultrage
Ou bataille ou chose a venir,
Pense a quel fin ce puet venir.

CIX     N'entreprens sans conseil des sages
Grans fais ne perilleux passages
Ne chose ou il chée grant doubte ;
Folz est qui perilz ne redoubte.

CX     N'embraces tant d'estranges fais
Que nul ne soit par toy parfais,
Ce qu'as empris tost expedie
Que trop soyes long on ne die.

CXI     Ne te dampnes pas pour acquerre
A tes enfans avoir et terre ;
Fay les aprendre et entroduire
A science ou a mestier duire.

CXII     Bon exemple et bonne doctrine
Oz voulentiers et t'y dottrine,
Car pour neant son oreille euvre
Homs a ouïr sans mettre a oeuvre.

CXIII     Ne laisses pas a Dieu servir
Pour ou monde trop t'asservir,
Car biens mondains vont a defin
Et l'ame durera sans fin.

EXPLICIT LES DIZ MORAULX.

CX 1 *B²* N'embracer — 4 *A ajoute* t. ne s. — CXI *placé dans
B après* CI — CXII 4 *B* Pour ouïr qui ne met a o. — *Rubrique
A¹* Explicit.

# PROUVERBES MOURAULX

C I COMMENCENT PROVERBES MOURAULX

I

Les bonnes meurs et les saiges notables
Ramentevoir souvent sont prouffitables.

2

Prudence aprent l'omme a vivre en raison,
La ou elle est eureuse est la maison.

3

Homs attrempez, froit et amesurez,
Estre ne puet longuement meseurez.

4

Couraige fort, constant et affermé,
N'est de legier ne tost mal infermé.

A ', fr. 6o5, fol. 3$^{\text{vo}}$; A $^{\text{2}}$ fol. 261$^{\text{vo}}$ — 4-2 A ' m. informé.

### 5

Païs ou lieu ou justice ne raigne
Ne puet long temps durer, tant soit grant raigne.

### 6

Impossible est sans foy a creature
Estre plaisant a Dieu, dist l'Escripture.

### 7

Propice au monde et a Dieu acceptable
Estre ne puet homs, s'il n'est charitable.

### 8

Esperance conduit les faiz humains
Mais ne tient pas ses promesses a mains.

### 9

En grant estat ne gist mie la gloire
Mais en vertu est double la memoire.

### 10

Prince cruel et rapineur d'argent
Je tiens a fol s'il se fie en sa gent.

### 11

Donner a point, sagement retenir,
Fait en estat le riche homme tenir.

### 12

Louer autruy, puis blasmer par usage,
D'estre inconstant est signe et petit saige.

9-2 *A*¹ est ou d. m.

### 13

Cour de seigneur sans prudent gouverneur
Estre ne puet maintenue en honneur.

### 14

Diligence, grant soing et souvenir
Homme souvent fait a grant bien venir.

### 15

Homs qui est fol ne prise autre une plume
Mais saige est cil qui de soy pou presume.

### 16

Prince poyssant a qui d'estre repris
Ne luy desplaist est signe de grant pris.

### 17

Cil est prudent qui au temps futur vise,
S'il y pourvoit et son meilleur avise.

### 18

Homme orguilleux, en cuidier affichiez,
Ne craint peril, mais tost y est fichiez.

### 19

La terre est moult eureuse dont le sire
Est saige et bon et bien vivre desire.

### 20

Trop de legier croire et amer flatteurs
Engendre erreur, ce dient les autteurs.

2 1

Cil est trop folz qui cuide avoir seür
Estat pour tant s'il a propice eür.

22

Le vray repos ne gist mie en l'avoir
Mais seullement en souffisance avoir.

23

Hanter les bons et les mauvais banir
Fait homme en scens et en bonté tenir.

24

Prince ou il a clemence et bonnes meurs
De ses subgiez et d'autres trait les cuers.

25

Cil est eureux qui puet et a voloir
De son prochain aidier qu'il voit douloir.

26

Homs qui ne craint Fortune n'est pas sage
Car moult souvent conduit a dur passage.

27

Trop enquerir n'est mie prouffitable
Ne d'autruy fait trop estre entremetable.

28

Cuidier deçoit, souventes foiz avient,
Par trop fier moult souvent grant mal vient.

21-1 *A'* *omet* trop

### 29

Homme bourdeur, de mentir mescreü,
Quant il dit voir a paine est creü.

### 30

Cil saiges est qui son yre puet fraindre
Et en courroux sa langue scet refraindre.

### 31

Cuer saoul ne croit le jeun qui se garmente
De sa grant fain, ainçois cuide qu'il mente.

### 32

Falace n'est nulle a paine si caute
Qu'apperceue ne soit d'aucun sans faulte.

### 33

C'est un renom qui dure a herité
Que d'avoir los de tenir verité.

### 34

A grant paine puet homs changier ses meurs
Puis qu'il est ja viellart, chanus et meurs.

### 35

Cil qui desir a de monter en pris
Il fault qu'il ait a bien souffrir apris.

### 36

Faveur deçoit et moult souvent destourne
A bien jugier et droit en tort retourne.

### 37

Le temps perdu on ne puet recouvrer,
Pour ce, tandis qu'on l'a, doit on ouvrer.

### 38

Petit soussy ou trop grant soing fait estre
L'omme oublieux qui de mains faiz s'enpestre.

### 39

Viellesce ou scens n'abite et biau maintien
Est un vaissel sans vertu, com je tien.

### 40

Trouver souvent sur autruy a redire
Donne achoyson d'oïr de soy mesdire.

### 41

Gentillesce vraye n'est autre chose
Fors le vaissel ou vertu se repose.

### 42

Cil est eureux qui dispose sa vie
En simple estat juste sans autre envie.

### 43

Pacience fait vaincre mains grans faiz
Et de legier soustenir pesans faiz.

### 44

Croire conseil des saiges es grans cures
Fait traire a cler maintes choses obscures.

### 45

Gieux dissolus, quelqu'en soit la plaisance,
A la parfin tournent a desplaisance.

### 46

Pou d'achoison souvent muet grant debat
Et petite pluye grant vent rabat.

38 2 *A* ¹ *espace gratté à la place de* L'omme

47

Ly jeunes homs qui se tient en oyseuse
Legierement chiet en voye noiseuse.

48

Les biens mondains acquerir mal a point
Font ame et corps souvent metre en dur point.

49

Mieulx vault honneur, bonne grace et bon los
Qu'avoir flourins mal acquis, dire l'os.

50

Estre avisié sur les choses doubtables
Fait prendre soing sur les plus proufitables.

51

Honneurs mondains sont des gens chier tenus,
Mais quant on muert on n'en emporte nulz.

52

Parler a point et contenance saige
Est de prudent homme signe et message.

53

Yvresce occit le scens, l'ame et le corps,
Et fait cheoir l'omme en villains acors.

54

Homme prudent qui le scien bien dispense
Souventes foiz prent garde a sa despence.

55

Le jeunes homs qui voulentiers entent
Chastiement signe est qu'a grant bien tent.

51 ' *A²* s. de g.

### 56

Trop est meilleur la crainte d'amour née
Que celle qui par rigueur est menée.

### 57

L'ost ou il n'a principal capitaine
A bon effect voit on venir a paine.

### 58

Petit voit on homme qui moult promette
Tenir serment ne nul terme qu'il mette.

### 59

Humilité en riche homme bien siet :
Plus se tient bas et plus hault on l'assiet.

### 60

Fol hardement deçoit souvent son maistre
Par trop cuidier fort, poissant et saige estre.

### 61

Trop conseiller appart entre homme et femme,
Present pluseurs, puet tourner a diffame.

### 62

Prouffitable est le travail en jeunesce
Qui eschiver fait souffreste en viellesce.

### 63

Pour neant met [l'on] l'omme a apprendre
S'user ne veult de scens et le bien prendre.

### 64

Juge cruel et d'amasser jaloux
Mengut les gens com les brebis li loups.

63  1 Sic *dans les mss.*

65

Fol est celluy qui cuide sa malice
Toudiz celer, comment qu'il la palisse.

66

Parler a temps et taire bien a point,
Sens, soing, travail, mettent homs en hault point.

67

C'est moult grant scens que de laissier la place
Au furieux a lyonnesce face.

68

Petit voit on grant amistié avoir
Entre le riche et le povre d'avoir.

69

Pou souvent nuyst taire, mais trop langaige
Maintes fois fait a son maistre dommaige.

70

Bien est celluy de tout bien deshaitié
Qui bonté voit et juge mauvaistié.

71

Qui ne se puet du mauvais pas garder
Au moins s'en doit mettre hors sans tarder.

72

Cil est trop folz qui se prent si près garde
D'autruy meffait et au sien ne regarde.

73

Neccessité a la foiz consentir
Fait maint grant maulx par famine sentir.

74

On a veü souvent repentir mains
De mettre aux piez ce qu'on tient a ses mains.

75

Courtois parler refraint souvent grant yre,
Car moult attrait les cuers doulcement dyre.

76

Souvent voit on homme plain d'indigence
En hault degré venir par diligence.

77

Oppinion, non pas vraye science,
Conduit les faiz mondains plus que science.

78

Nul ne se doit contre autruy fier tenir,
Car homs ne scet qui luy est a venir.

79

Mieulx vault ployer que rompre, n'est pas fable;
Humilité souvent est prouffitable.

80

Celluy est fol qui sa despence croit
Pour promesse d'autruy faicte qu'il croit.

81

Diffamer femme a homme trop messiet,
Car le blasme sur soy meismes assiet.

82

Qui courtoisie et don tost habandonne
Double service sy fait et deux foiz donne.

74 2 *A'* au p. ce c'om t. aux m.

### 83

Saige maintien et non moult de parolle
Bien siet a femme a qui qu'elle parolle.

### 84

Service a Court sy n'est mie heritaige,
Car souvent fault a petit d'avantaige.

### 85

Recalcitrer encontre la pointure
De l'eguillon redouble la bateure.

### 86

Tourner a truffe aucune foiz injure
En çertain temps est scens, je le vous jure.

### 87

Belles raisons qui sont mal entendues
Ressemblent fleurs a pourceaulx estendues.

### 88

D'omme jaloux ou forment surpris d'yre
On ne doit foy adjouster a son dire.

### 89

Le fel parler de matiere hayneuse
Responce attrait despite et rancuneuse.

### 90

Le bien qui vient seullement d'une part
Ne puet long temps durer, ains se depart.

### 91

L'oyseux plaisir, quoy qu'il face a blasmer,
N'est pas legier a desacoustumer.

91-1  *A¹ omet* a b.

### 92

Pour parolle mauvaise rapportée
A tort souvent grant haÿne est portée.

### 93

Neccessité, besoing, n'avoir nient,
Livre plusieurs a inconvenient.

### 94

Il vault trop mieulx a moyen estat tendre
Que le trop grant toute sa vie attendre.

### 95

Laissier aler de son droit mainte fie
Tourne a grant scens et preu, je vous affie.

### 96

De bien faire s'ensuit bien au defin,
Car bonne vie attrait la bonne fin.

### 97

Oublier Dieu pour richesces mondaines
Pourpenser fait maintes fraudes soubdaines.

### 98

Il n'est nul bien ou n'ait aucun amer
Fors seullement servir Dieu et amer.

### 99

Trop petit vault bons exemples ouÿr
A qui ne veult contraires meurs fouÿr.

### 100

Quoy que la mort nous soit espouventable
A y penser souvent est prouffitable.

101

Soy departir par bel en fin de compte
Est neccessaire a qui de paix fait compte.

EXPLICIT.

# LE LIVRE DU DUC

## DES VRAIS AMANS

CY COMMENCE LE LIVRE DU DUC
DES VRAIS AMANS

COMBIEN que occupacion
Je n'eusse ne entencion
A present de dittiez faire
D'amours, car en aultre affaire
5   Ou trop plus me delittoye
Toute m'entente mettoye,
Vueil je d'aultrui sentement
Comencier presentement
Nouvel dit, car tel m'en prie
10  Qui bien puet, sanz qu'il deprie,
Comander a trop greigneur
Que ne suis : c'est un seigneur
A qui doy bien obeïr,
Si m'a voulu regehir

(*A¹* fr. 836, fol. 65 ; *A²* fol. 145) — 13 *A¹* q. je d.

15    De sa grace la doulour,
      Ou fust sens ou fust folour,
      Ou maint yver et esté
      Il a par long temps esté
      Pour amours, ouquel servage
20    Est encor son cuer en gaige,
      Mais ne veult que je le nomme :
      Lui souffist qu'on le surnomme
      Le duc des vrays amoureux
      Qui ce dittié fait pour eulx.
25    Si lui plaist que je raconte,
      Tout ainsi comme il me conte,
      Les griefs anuis et les joyes,
      Les fais, les estranges voyes
      Par ou est depuis passez,
30    Pluseurs ans a ja passez.
      Si veult qu'ad ce renouvel
      Du temps en soit dit nouvel
      Fait par moy qui lui consens ;
      Car tel et de si bon sens,
35    Je le sçay, que son humblece
      Prendra en gré la foiblece
      De mon petit sentement,
      Et par son assentement
      Je diray en sa personne
40    Le fait si qu'il le raisonne :


## LE DUC DES VRAIS AMANS


J oenne et moult enfant estoye
  Quant ja grant peine mettoye
A amoureux devenir.

22 A¹ que ou — 26 A¹ compte — 31 A que ad

Pour ce qu'ouoye tenir
45  Les amans plus qu'autres gens
Et gracïeux entre gens
Et mieux duis, si desiroie
A l'estre; pour ce tiroye
Es lieux ou choisir peüsse
50  Dame que servir deüsse,
Mais long temps ainsi sans dame
Fus, car n'avoye, par m'ame!
Pas le sens d'une choisir,
Tout eusse je assez loisir,
55  Mais trouver n'y sceusse voye.
Et, pour le desir qu'avoye,
Mainte compagnie belle
Hantay ou dame et pucelle,
Et damoiselle vey mainte
60  Ou toute beaulté empraintte
Estoit, mais enfance encore
Me tenoit ou temps de lore
Si que nulle part ne sceusse
Arrester, qui que j'esleusse.
65  Si fu ainsi longue piece
Gay, jolis et en leesce
Et en cellui doulz demour.
A Amours mainte clamour
Fis, disant en tel maniere,
70  Pour le temps qui trop long m'iere :


Vray dieu d'Amours qui des amans es sire,
Et toy Venus, l'amoureuse deesse,
Vueilles mon cuer briefment mettre en adrece
D'estre amoreux, car riens plus ne desire.

75  A celle fin qu'a vaillance je tyre,

44 A¹ que ouye — 69 Les mss. portent telle m.

Vueilles moy tost pourveoir de maistrece,
Vray dieu d'Amours qui des amans es sire.

Et m'ottroyez grace que puisse eslire
Telle qui mon ignorence et joennece
80    Sache amender et a honneur me drece,
Car le desir que j'en ay me fait dire :
Vray dieu d'Amours qui des amans es sire.

Ainsi souvent devisoye,
Pour le desir ou visoye,
85    Tant que vraye Amour m'ouÿ
Qui mon vouloir resjouÿ.
Si compteray la maniere
Coment Amours la premiere
Fois mon cuer prist et saisi,
90    Ne puis ne s'en dessaisi.
Un jour, pour m'aler esbatre,
Entre un mien parent et quatre
Aultres de mes gentilz hommes,
Sus noz chevaulz montez sommes.
95    Faim me prist d'aler chacier
Et, pour deduit pourchacier,
Fis aux veneurs levriers prendre
Et fuirons; lors sans attendre
Entrames en un chemin
100    Qu'assez souvent je chemin,
Mais n'eusmes pas moult erré
Quant un grant chemin ferré
Nous mena en une voye
Ou connilz assez savoye;
105    Près de la un chastel ferme

76 *A²* Pourvoyez moy de dame et de maistresse — 79 *A¹* T.
dame qui ma folour et j.

Siet moult bel, je vous afferme,
Mais du nommer je me passe.
Adonc fut en celle place
Une princesse venue
110 Qui ert de chascun tenue
Bonne, belle et bien aprise,
Tele que chascun la prise.
Mie la ne la savions
Mais a l'aventure alions ;
115 Ses gens dehors s'esbatoyent
Ça et la, aucuns chantoyent,
Aultres lançoient la barre
Et aultres a une barre
S'appoioient en estant.
120 Et, ainsi la eulx estant,
Vers eulx nous sommes dreciez ;
Si ont tost les chiefs dreciez
Quant ilz nous ont apperceu
Et qui nous estions sceü.
125 Après, quant la reverence
Nous orent fait, demourance
N'y ont fait, comme il me semble,
Ains ou troys ou deux ensemble
Devers leur maistresse alerent,
130 Et croy qu'ilz ne lui celerent
Que nous estions la venus,
Car si tost que pervenus
Fumes ou chastel sans doubte,
De dames veismes grant route
135 Encontre de nous venir.
Par gracïeux maintenir,
Si nous saluerent celles ;
Nous tournames tost vers elles,
Si les avons saluées
140 Et de genoulz relevées.
La eut et dame et pucelle

Des parentes a ycelle
Qui de toutes ert maistresse ;
La pucelle a blonde trece,
145   Sans villennie et sans blasme
Je baisay, aussi la dame.
La pucelle que l'en prise
Et la dame bien aprise
Mon cousin et moy menames,
150   Ainsi en l'ostel entrames.
La dame fut ja venue
Hors de sa chambre, et tenue
S'est la de haulte maniere,
Non orgueilleuse ne fiere,
155   Mais tout ainsi qu'il aduit
Au noble estat qui la duit
Et a sa royal personne
Dont chascun en bien raisonne.
Si tost que l'avons veüe
160   L'avons en maniere deue
Saluée, et elle passe
Avant un petit d'espace
Et me prent par la main nue,
Me baise et dist : « Vo venue,
165   Beau cousin, pas ne savoie.
Bien viengniez, et quelle voye
Si seulet ores vous meine ? »
Lors mon cousin dist : « Certaine-
Ment, ma dame, nous alions
170   Jouer, cy ne vous savions ;
Aventure ycy nous chace,
Mais Dieux soit louez qui grace
Nous a faitte si a point
Que vous avons en ce point
175   Trouvée a chiere joyeuse. »
Lors la bonne et gracïeuse
S'en rist, puis dist : « Or alons

<br>

Jouer. » Adonc devalons
En un prael verdoyant,
180   Et lors, elle coustoyant,
Entray en un trés bel estre,
Et celle a son costé destre
Pour seoir vers soy me tire.
L'en aporta, sans plus dire,
185   Grans coissins d'or et de soye
Soubz l'ombre d'une saulsoye
Ou le ru d'une fontaine
Court bel et cler par certaine
Voye faitte et entaillée
190   Par maistrie soubz fueillée,
Sur l'erbe vert et menue.
Plus en piez ne s'est tenue,
Ains s'assist, et moy coste elle,
Et loings, sus la fontenelle,
195   Ça et la, adonc s'assistrent
Les aultres de nous et mistrent.
Lors me prist a desrener,
Car ne sceusse arraisonner
Elle n'aultre, croy, encore,
200   Car joenne estoye assez lore.
Si commença son lengage
Moy demandant d'un voyage
Dont de nouvel venu yere,
Le maintien et la maniere
205   Des dames de par dela,
Comment la court de dela,
Que roÿne et roy tenoit,
En estat se contenoit.
Et je lui en respondoye
210   Selon ce que j'en savoye.
De pluseurs choses, me semble,

<br>

190 *A*¹ fueillie

La devisames ensemble.
Or est il temps que je dye
Comment la grief maladie
215 Commença qui pour amer
M'a fait souffrir maint amer.
Si est merveille a comprendre
Coment Amours voult lors prendre
Mon cuer de celle qu'avoye
220 Cent fois veue, et n'y avoye
Oncques pensé en mon age.
Si sembloye cil qui nage
Par mer cerchant mainte terre
Pour trouver ce qu'il peut querre
225 Près de soy et point n'y vise
Tant qu'un autre l'en advise ;
Tout ainsi m'avint sans doubte,
Car n'apercevoye goute
La beaulté, par ma folour,
230 De ma dame de valour
Jusqu'a tant qu'Amours en voye
Me mist, et ne desiroye
Fors une telle veoir
Pour mon cuer y asseoir,
235 Et souvent a long sejour
La veoye et fors cel jour
Garde je ne m'en donnoye.
Ainsi en ma main tenoye
Ce qu'ailleurs alloye querre.
240 Mais Amours de celle guerre
Voult lors mon cuer apaisier
Pour mon enfance accoisier.
Car lors, si com la perfaitte
Qui mainte peine m'a faitte,
245 Parloit a mon, son langage
Et son maintien doulz et sage
Plus qu'oncques mais me plaisoit

Et tout muët me faisoit.
D'entente la regardoye
250   Et moult fort je m'entendoye
De remirer sa beaulté,
Car plus especïaulté
Me sembla avoir adoncques
Que ne lui en avoye oncques
255   Veu avoir et trop plus grace
Et de doulceur greigneur mace.
Lors Amours, l'archier plaisant,
Qui veit mon maintien taisant
Et qu'estoye en point de prendre,
260   La fleche, dont seult surprendre
Les amans, prent et entoyse
L'arc, et trait sans faire noise;
Ne m'en donnoye regard :
La fleche de doulz regard
265   Qui tant est plaisant et riche
Au travers du cuer me fiche.
Lors fus je moult esperdu;
Bien cuiday estre perdu
Quant l'amoureux cop senty,
270   Mais mon cuer se consenti
A l'amoureuse bleceure;
Tout ne fust la playe seure
De mort, ains en aventure
M'en mist puis celle pointure.
275   Adonc ses doulz yeulx rïans,
Tous pleins d'amoureux lïans,
Mon cuer venoient semondre
Par tel party que respondre
Ne sçavoye a sa parole.
280   Bien devoit tenir a fole
Ma contenance et maniere,

279 *A*¹ la p.

Car souvent par tel maniere
Contre son regard muoie
Couleur et ne remuoye
285　　Pié ne main, qu'il vous semblast
Que de paour mon cuer tremblast.
A brief parler, qu'en diroye ?
S'a estre pris desiroye
Or n'y eus je pas failly.
290　　Adonc la vie failly
De mon enfance premiere.
A vivre d'aultre maniere
Vraye Amour m'aprist en l'eure.
Ainsi fus pris en celle heure.
295　　La me tins longue piecete,
Et de maniere nycete,
Comme assez enfant, disoye
Mes raisons et atysoie
Adès le tyson ardent
300　　En mon cuer ; en regardant
Sa beaulté, com papillon
A chandoille ou oysillon
A glus se prent, me prenoye,
Ne garde ne m'en prenoie.
305　　Quant j'eus en ce lieu esté
Près du tiers d'un jour d'esté,
Mon cousin n'a plus songié,
Si m'a dit : « Prenez congié,
Tart est, je me doubt, par m'ame,
310　　Que trop tenez cy ma dame,
Il est temps que souper voise. »
Adonc la franche et courtoise,
Que belle et bonne on appelle,
Moult me pria d'avec elle
315　　Soupper, mais m'en excusay ;

312　*A² supprime* et

La gaires plus ne musay,
Si me levay et volz prendre
Congié, mais ainçois attendre
Nous convint le vin, si beusmes,
320   Et quant beu et mengié eusmes
La priay que de sa grace
Lui pleust que la convoyasse
Jusqu'a l'ostel, mais la belle
Ne voult ; si pris congié d'elle
325   Et de toutes sans tarder.
Adonc Amours, pour larder
De plus en plus mon cuer tendre,
Un doulz regard sans attendre
Me fist d'elle recueillir
330   Qui doulcement accueillir
Au departir de la place
Me vint, car devers sa face
En alant mes yeulz tournay,
Et, si com me retournay,
335   Le doulz espart savoureux
De ses beaulz yeulz amoureux
Lança sur moy par tel guise
Qu'oncques, puis que l'amour mise
Y fut, il n'en departi ;
340   Et atant je m'en parti
Atout l'amoureuse fleche.
Et, quant hors de la bretesche
Fusmes, tantost nous montasmes
Et d'errer tost nous hastames
345   Pour la nuit qui ja venoit.
Mon cousin moult s'en penoit,
Mais quant est de moy, sans doubte,
En ce chemin grain ne goute
Ne parlay, ains me tenoye

334 *A² ajoute* je *après* com

350     Coy, et chief enclin tenoye
       De maniere moult pensive,
       Car la flamme ardent et vive
       Que doulz regard m'ot fichée
       Ou cuer et fort atachée
355     Ne me laissoit; si pensoie
       Adès ne point ne cessoie
       Aux beaultez du doulz visage
       Ou mon cuer laissoie en gage,
       A son corps gent et faittis
360     Et a ses yeulx attraittis,
       Tout me venoit au devant;
       Ainsi chevauchant devant
       Pensivement m'en aloye.
       Mon cousin en celle voye
365     Maintes fois m'araisonna
       Et de mainte raison a
       Parlé, mais ne l'entendoie,
       Car a penser entendoie,
       Tant que cil me dist : « Beau sire,
370     A quoy ainsi sans riens dire
       Pensez ore et pour quoy est ce ?
       N'avez vous assez leesce
       Eue la dont vous venez
       Qui si pensif vous tenez ?
375     Car, se Dieu me vueille aidier,
       Il m'est vis que souhaitier
       Dame on ne pourroit plus belle
       Et plus perfaitte qu'est celle
       Dont ores venez sans doubte.
380     Qu'en dites vous ? Mens je goute ?
       N'est elle courtoise et sage ?
       Veistes vous oncq en vostre age
       Dame en tous cas plus perfaitte ?

362 *A*[1] chevant d.

Quant a mon gré, elle est faitte
385    Pour regarder en beaulté,
Et a especiaulté
De sens, d'onneur et de grace,
De noblece toutes passe,
Et a tout dire, par m'ame,
390    Oncques ne vei, fors ma dame
Qui de mon cuer est maistresse,
Sa pareille, car haultece
D'onneur son noble cuer pere
Si qu'aultre ne s'y compere,
395    Fors sans plus celle qu'ay ditte
Qui des dames est l'eslitte ;
De ce la voult Dieu douer. »
Quant j'ouÿ aultre louer
Plus que celle ou je pensoye,
400    Non obstant qu'ains me taisoye,
Adès pour tout l'or du monde
Ne me teusse, ains de perfonde
Pensée je souspiray
Et dis : « Certes, j'en diray
405    Mon avis, mais ne croy mie
Que, se maistresse et amie
Dieu voulsist choisir en terre,
Qu'il convenist autre querre
Pour avoir la plus souvraine
410    Du monde, chose est certaine,
Et de ce mon corps mettroye
En gage et m'en combatroye.
Si que jamaiz ne clamez,
Se ceste meisme n'amez,
415    Vo damè la non pareille
Du mond, car ne s'appareille
Dame autre, plus ne le dites,

396 *A² omet* l' — 409 *les mss portent* souveraine

A ceste ne que petites
Flammeches font ou chandoilles
420    A la lueur des estoilles. »
Quant cil m'ouÿ ainsi dire
Tout bas s'en prist a soubzrire,
Et croy bien qu'il advisoit
Que ja mon cuer y visoit.
425    Si se passa lors atant,
Et nous, chevauchant batant,
Venimes en petit d'eure
Ou lieu ou ert ma demeure,
Et ja estoit nuit serrée.
430    Adonc sur la court querrée
Monseigneur mon pere estoit
Qui durement enquestoit
Ou le jour alé estoye,
Et moy qui fort me hastoye
435    Pour ce que je le craingnoye
Et son yre ressoingnoye,
L'avisay a sa fenestre,
Bien le voulsisse ailleurs estre;
Toutesfois j'alay descendre,
440    Puis a genoulz sanz attendre
Me mis en le saluant.
Lors dist, son chief remuant :
« Et dont venez vous, beau sire ?
Est il temps que l'en se tire
445    Vers l'ostel quant nuit devient ?
Mais bien va qui s'en revient! »
Mot ne lui dis ne demy,
Il se departi de mi
Et j'en ma chambre m'en tourne.
450    Si souppay pensif et mourne,
Non obstant qu'assez avoye

434 *A* q. si f.

Joennes gent qui moult en voye
De m'esbatre se mettoyent
Et maint compte me comptoyent,
455  Mais sachiez que sans cesser
Estoit ailleurs mon penser,
Car adès m'estoit advis
Que veoye vis a vis
Celle qui pas ne savoit
460  Comment mon cuer pris avoit.
Quant fut temps d'aler couchier
En lit bien paré et chier
Me couchay, mais ne croy mie
Que dormisse heure et demie.
465  Si n'avoy je chose aucune
Qui point me grevast fors qu'une :
C'estoit que je me doubtoye
Que celle par qui sentoye
La doulce plaisant pointure
470  Ne peusse par aventure
Veoir si com je voulsisse,
Car ou monde n'eslisisse
Soulas qui tant me pleüst
Et dont mon cuer tel joye eust,
475  Ce me sembloit, si pensoye
Et en ce penser disoye :

### Balade.

Amours, certes, assez ne te pourroye
Remercier de ce que de ta grace
D'estre amoureux tu m'as mis en la voye
480  Et de dame qui toutes autres passe
Tu m'as pourveu, car de beaulté et grace
Et de valeur est souvraine, a voir dire,

482 *Les mss portent* souveraine

Si ne puis dire assez et ne cessasse :
Graces te rends qui la m'as fait eslire.

485   Or ay je ce que je tant desiroye,
C'estoit avoir dame en qui j'emploiasse
En lui servir mon temps et qui en joye
Mon cuer tenist, par qui en toute place
Gay et jolis je fusse et que l'amasse
490   De tout mon cuer, si ay ce que desire :
Choisie l'ay, tu m'en donnas l'espace.
Graces te rends qui la m'as fait eslire.

Si te suppli, Amours, a qui m'ottroye,
Que tu me donnes grace que je face
495   Tant par servir qu'encor ma dame voye,
Que tout sien suy, et que sa belle face
Et son regard qui tout mon mal efface
Trés doulcement par pitié vers moy tire.
Plus ne demand d'elle ou tout bien s'amasse.
500   Graces te rends qui la m'as fait eslire.

Ha! Dieu d'Amours, ainçois que je trespasse,
Ottroiez moy que je puisse souffire
Pour seul ami a celle qui m'enlasce,
Graces te rends qui la m'as fait eslire.

505   Ainsi je me debatoye
A par moy, et ne sentoye
Encore le dur assault
D'ardent desir qui assault
Les amoureux et fait frire,
510   Palir, sechier et deffrire ;
Encore n'estoit venu.

494 *A*² Q. m. d. tel g.

Si ne m'est lors souvenu
Fors de penser comment feusse
Jolis et gay et que j'eusse
515   Trés belle monteure et riches
Robes, et, sans estre chiches,
Trés largement en donnasse,
Et si bien me gouvernasse
En honneur qu'en toutes sommes
520   Le raport des gentilz hommes
Me loast en toute place
Par si que ma dame en grace
Me prensist par mon bien faire;
Ainsi vouloie parfaire
525   Mon maintien, d'or en avant
L'enfance, qui par avant
Me vouloit tenir folage,
Laissier, ne penser volage
Jamais ne me surprensist
530   Et que mon cuer apprensist,
La droitte voye a tenir
Qui fait vaillant devenir.
Tous ces pensers lors j'avoye
Et si queroye ja voye
535   Coment en maintien et fait
Tout ce je meisse a effait.
Si changay bien ma maniere,
Car toute m'entente n'yere
Fors de penser, dire et faire
540   Chose qui en tout affaire
Fust plaisante et gracïeuse,
Ne chose malgracïeuse
Ne feisse pour chose nulle.
Si n'y fus morne n'entulle,
545   Mais gay, jolis, lié et cointe,
Et pour d'amours estre accointe
Peine mettoye a apprendre

Chanter, dancier et moy prendre
Ja a armes poursuivir,
550    Et m'yert vis que de suivir
Amours, armes et vaillance,
Venoit honneur sans faillance,
Si fait elle vrayement.
Adonc sans deslaiement
555    Devers Monseigneur mon pere
Et vers Madame ma mere
Par moyen tant pourchaçay
Qu'avins ad ce que chaçay :
C'estoit que or et argent eusse
560    Pour grans despens faire, et feusse
Richement en toute guise
Habillié, si pris devise
Et mot propre ou le nom yere
De ma dame en tel maniere
565    Que nul nel pouoit savoir,
Si volz des destriers avoir
Pour jouster, et fis emprendre
Une feste pour aprendre
A jouster, si com disoye,
570    Mais aultre chose avisoye.
Si fut celle feste emprise
Ou mainte dame qu'on prise
Fut a la feste semonse,
Mais tout avant j'eus response
575    Se ma dame a nostre feste
Venroit, je fis la requeste
A qui il apertenoit
Qui de loing m'apertenoit,
Mais de bon cuer l'ottroya
580    Et chieux lui me festoya.
La veis a loisir ma dame,
Mais comment de corps et d'ame
L'amoye et tenoye chiere

Ne lui dis pas, mais ma chiere,
585 Croy, assez le demonstroit,
Car Amours qui me monstroit
De ses tours pour myeulx m'esprendre,
Palir puis couleur reprendre
Et tout muer me faisoit,
590 Mais la belle s'en taisoit
Com se ne l'apperceüst,
Mais ne croy qu'elle sceüst,
Si pou qu'el n'eust cognoiscence,
De quoy venoit la naiscence
595 De tout quantque il m'advenoit
Et que tout d'amour venoit,
Dont elle estoit cause et celle
De qui sourdoit l'estincelle
Amoureuse qui poingnoit
600 Mon cuer qui ne s'en plaingnoit.
Touteffois vivoie en joye
Et souvent je la veoie,
C'estoit ce qui confortoit
Mon cuer qui se deportoit,
605 Et a par moy tout ainsi
Disoie a celle qu'aim si :

*Ballade.*

Trés haulte flour, ma dame souveraine,
De tout honneur et valeur la deesse,
De grant beaulté, sens et bonté fontaine,
610 Et celle qui m'est chemin et adrece
De pervenir a vaillance, et qui drece
Trestous mes fais, dame a qui je suis lige
Trés humble serf, comme a doulce maistresse,
A vous servir tant com vivray m'oblige.

615 Faire le doy, belle de doulceur pleine,
    Car vous passés toutes, et vo haultece
    Si me sera exemple et ja me meine
    Au port d'onneur et conduit a leesce,
    Et, pour le doulz plaisir qu'ay, je ne cesse
620 D'estre joyeux, ma dame, et pour ce dy je
    De cuer et corps, non obstant ma simplece :
    A vous servir tant com vivray m'oblige.

    Vous le verrés, et si serez certaine,
    Un temps venra, haulte noble duchece,
625 Coment mon cuer de vous servir se peine,
    Et j'aray lors souffisance a largece
    Quant percevrez qu'a tousjours sanz paresce
    Obeïray ; dame, l'arbre et la tyge
    De tout honneur et de valeur l'adrece,
630 A vous servir tant com vivray m'oblige.

    Haulte, poissant, trés louée princesse,
    A vous amer de trés bonne heure apris je,
    Car j'en vaulz mieulx ; pour ce en trés grand hum-
    A vous servir tant com vivray m'oblige.    [blece

635    Or m'esteut tourner arriere
       A ma matiere premiere.
       La feste fut aprestée,
       Grant et belle, et tost hastée,
       Ou maintes gens grant joye eurent.
640    Les joustes criées furent
       Ou jouel de grant avoir
       Devoit et le pris avoir
       Cil qui les forsjousteroit,
       Et qu'a celle jouste avroit
645    Vint chevaliers advenans
       Pour jouster a tous venans.

Et ad certain jour fu prise
Celle assemblée et emprise
En une praerie cointe
650   Ou un chastel sur la pointe
D'un estanc est bien assis
Ou de grosses tours a six.
En ces prez furent herbarges
Et eschauffaulx grans et larges
655   Fais et paveillons dreciez,
Et tous arroiz adreciez
Pour la feste et pour la jouste.
Et, sans que plus y adjouste,
Vous dy que quant la journée
660   Vint que avions ordonnée,
Trés le soir y vint devant
Ma doulce dame, au devant
Lui alay a belle route
De nobles gens, et sans doubte
665   Menestrelz, trompes, naquaires
Y avoit plus de troys paires
Qui si haultement cournoyent
Que mons et vaulx resonnoyent.
Si sachiez que grant leesce
670   Avoye quant ma deesce
Veoye chieux moy venir,
Ne onc pouoit avenir
Chose dont j'eusse tel joye.
Si l'encontray en la voye
675   A moult noble chevauchée,
Sa litiere ay approchée,
Si la saluay et elle
Moy, adonc ma dame belle
Me dist : « Grant peine prenez,
680   Beau cousin, quant cy venez

666 *A*¹ paire — 677 *A*¹ Et la

A present n'est pas raison. »
Ainsi, de mainte raison
Devisant a lie chiere
A ma doulce dame chiere,
685 Venimes en approchant
Le chastel, et chevauchant
Couste sa litiere (certes,
J'avoye pour mes dessertes
Assez guerdon, me sembloit,
690 Car ma grant joye doubloit
De ce qu'il m'yert vis qu'adoncques
Meilleur semblant que n'ot oncques
Fait me monstroit) arrivames
Ou chastel ou nous trouvames
695 De dames moult bel encontre,
Qui agenoillées contre
Elle sont en guise deue.
En la court fu descendue,
De la litiere est yssue,
700 A grant joye y fut receue.
Si la pris a costoier
Et par sales convoier
Jusqu'en la chambre a parer.
Tout l'ostel ot fait parer
705 Cil a qui m'en attendoye,
Dont l'erité attendoie.
Adonc ceulz de telz offices
Ont le vin et les espices
Aportez ; si voult la belle
710 Que je les preisse avec elle.
Après ce nous retraïmes
Et autre part nous traÿmes
Pour la laissier un pou estre
A son privé, et a destre
715 En autre lieu me tyray,
Me vesty et atyray.

Pour dancier sus l'Alemagne,
Et, a fin qu'il n'y remagne
Riens a la feste parfaire,
720    Riches robes oz fait faire
De livrée a ma devise
Jusqu'a cent, et si m'avise
Que les vint et cinq en furent
De veloux vert, celles eurent
725    Les chevaliers a celle heure,
De drap d'or ouvré desseure.
L'endemain après la joste
Vestirent, et, quoy qu'il couste,
De satin brodé d'argent
730    Orent, non mie sergent,
Mais escuiers, gentilz hommes.
Quant vestuz fumes, nous sommes
Alez devers ma maistresse.
Ja y trouvames grant presse
735    De dames et damoiselles
Du paÿs et de pucelles
Venues a celle feste.
Lors ma dame, sans arreste,
Et toutes je saluay ;
740    Bien croy que coulour muay,
Si dis : « Ma dame, il est heure
De soupper. » Lors sans demeure
La prins et menay en sale.
Adonc chascun s'en devale ;
745    Chevaliers dames menoient,
Et ces menestrelz cournoyent
Si que tout retentissoit,
Dont la feste embelissoit
Qu'assez faisoit bel veoir.
750    Ma dame alay asseoir
Au grant days en haulte place,
Si ne croy qu'il lui desplace,

Madame ma mere après
J'assis, et d'elle assez prés
755    Quatre contesses se seirent
Après elle qui bien sirent,
Et par la sale ensuivant,
Chascune son renc suivant ;
Les gentilz femmes assises
760    Furent, toutes de renc mises.
Et ailleurs des gentilz hommes
Sistrent ; et en toutes sommes
De viandes et de vins
Furent, je ne le devins,
765    Bien serviz, croy, au soupper.
Et, sans plus m'y assouper,
Vous di que, quant souppé eusmes,
Après espices nous beumes ;
Puis menestrelz s'avancierent
770    Et a corner commencierent
Par gracïeuse acordance.
Adonc commençay la dance,
Nouvelle, joyeuse et gaye,
Et la tout homme s'esgaye
775    La belle feste esgardant.
Adonc plus n'y vois tardant,
Ains ma dame alay prier
De dancier sans detrier ;
Un petit s'en excusa
780    Mais ne me le refusa.
Si la prins et la menay
A la dance et ramenay
En sa place ; et ne doubtez
Que j'estoye si boutez
785    En s'amour qu'il m'yert a vis

754 *A*² Assis — 761 *A*² a. les g. — 772 *A*² commença — 782
*A*¹ et la c.

Que j'estoye tout ravis
De joye d'emprès elle estre;
J'en quittasse le celestre
Paradis, croy, ad ce point,
790  Ne mieulx ne voulsisse point;
Et ce qui m'abellissoit
Plus fort et esjoÿssoit
C'estoit sa trés doulce chiere
Qui, sans dongier ne renchiere,
795  Estoit vers moy si plaisant
Et si bon semblant faisant,
Par doulz regart amiable,
Qu'il me sembloit qu'agreable
Avoit tout mon dit et fait.
800  Le veoye par effait,
Dont gayement je houoye
Pour la grant joye qu'avoye
Si qu'il sembloit que volasse;
Bien estoit drois que j'alasse
805  Present elle liement.
Et ainsi joliement
Avons dancié grant partie
De la nuyt, quant s'est partie
La feste, car temps estoit
810  Du giste qu'on aprestoit.
Lors la blonde comme l'ambre
Je convoyay en sa chambre;
La fut maint gracieux mot
Dit, et, quant de ses yeulx m'ot
815  Resgardé pour mieulx m'esprendre,
Après les espices prendre,
Congié pris d'elle et de toutes.
En beaulz lis sus riches coultes
Nous couchames ça et la,

810 4' que on

820    Mais a la beaulté qu'elle a-
       Voit, toute nuit sanz cesser,
       Je ne finay de penser,
       Et ces paroles disoye
       Qu'en ma pensée lisoye :


### Rondel.

825    Tant esjoïst mon cuer vostre venue
         Que de perfaitte joye il en sautele,
       Flour de beaulté, rose fresche, nouvelle,
       A qui serf suis par doulce retenue.

       Dame plaisant, et de chascun tenue
830    La trés meilleur de toutes et plus belle,
       Tant esjoïst mon cuer vostre venue.

       Par vous sera la feste maintenue
       En grant baudour ; autre je n'y appelle
       Pour m'esjouïr, car vous seule estes celle
835    Par qui vie et joye m'est soustenue,
       Tant esjouïst mon cuer vostre venue.


       Au matin ja me tardoit,
       Com cil qui d'amours ardoit,
       Que je veisse ma maistresse.
840    Si me levay du lit trés ce
       Que j'en veys temps et saison.
       Ja y ot pleine maison
       De chevaliers preux et cointes,
       Et escuiers qui a pointes

831 *A*² T. s'e.

845    De rochez ja jousteront
        Et pluseurs jus gitteront.
        Quant je fus prest et la messe
        Fut ditte, je yssi hors, mais ce
        Que ma dame veu n'avoye
850    Me tint pensif; lors en voye
        Me mis pour aler vers elle.
        Trouvay la fresche, nouvelle,
        Qui ja a sa messe estoit
        Et de l'oïr se hastoit
855    Pour apprester son attour.
        Lors son gent corps fait a tour,
        Bel sur tous, c'est chose voire,
        A l'yssir de l'oratoire,
        Saluay courtoisement;
860    Et elle amoureusement
        Dist : « Beau cousin, bien viengnez;
        Bien estes enbesoingnez,
        Et qui belle dame ara
        A la jouste i aparra. »
865    Lors commençay a soubzrire
        Et pris hardement de dire :
        « Ma dame, je vous vueil faire
        Requeste, et, se la perfaire
        Voulez, j'en seray moult ayse:
870    C'est que moy donnez, vous plaise,
        D'un de voz corsez la manche
        Et un chappel de parvanche
        Pour porter sus mon hëaume;
        Se me donniez un royaume,
875    Je croy, mieulz ne l'aimeroie
        Ne plus joyeux n'en seroye ! »
        Adonc ma dame pensa
        Un petit, puis commença

874 *A²* donnez

A dire : « Beau cousin, certes
880    Mieulx vous vault pour voz dessertes
D'autre dame avoir present
Pour qui faciez a present
Chevalerie et bernage.
Mainte dame de paragè
885    A cy, et sans dongier d'ame
Ne puet que n'y aiez dame,
Et ce est bon assavoir,
Si devez de celle avoir
Don a sus vo tymbre mettre
890    Pour qui vous devez tramettre
De faire chevalerie;
Si soit vo peine merie
De vo maistresse et amie,
Non de moy, mais ne dis mie
895    Que reffuser je vous vueille
Vo requeste et que me dueille
De ce faire, car feroye
Plus pour vous, et toutevoye
Ne vueil je que nul le sache. »
900    Adonc elle mesme sache
Un coutel soubz ses courtines,
Et la manche o les hermines
D'un de ses corsez hors taille
De drap d'or, si la me baille ;
905    Dont forment la mercïay,
Et après, d'elle aussi, ay
Eu le chappel verdoiant,
Dont je fus liez et joyant ;
Si dis que la porteroie
910    Sus mon tymbre et jousteroye
Pour s'amour, mais voulsist prendre
Tout en gré, car a apprendre

885 *A*¹ de a.

Avoye encore ad ce faire.
Lors ma dame debonnaire
915    Se teut sans que semblant feist
Qu'il lui pleüst ne desseist ;
Et je plus n'osay parler.
Congié pris, temps fut d'aler.
Le disner tost apresté
920    A a cellui jour esté.
Tous en noz chambres disnames
Assez brief, et puis alasmes
Ou champ ou les joustes estre
Devoient, par la champestre
925    Es beaulz paveillons tendus
Sommes adonc descendus ;
Le harnois ja y estoit,
Ces lances on apprestoit
Et essaioit on destriers.
930    Haultes selles a estriers,
Blanches et rouges et vertes
Et de devises couvertes,
Et targes de couleurs maintes
Y veissiez et lances peintes,
935    Et grant appareil y ot,
Grant hutin et grant rïot
Ja de gent en maint sillon.
Adonc en mon paveillon
Je m'armay et apprestay,
940    Mais une piece y estay,
Car ne me doz avancier
De la jouste commencier.
Vint fumes d'un parement
Et tous d'un estorement,
945    Et tous chevaliers estions
Qui a ceulz de hors joustions.

937 *A²* Y ot gent

Mon cousin dont j'ay compté
Ci dessus, en qui bonté
Ot assez, fu le premier
950    Ou champ; de ce coustumier
Fut assez; en tel arroy
Entra que parent a roy
Bien sembla en tout atour.
Hëaume lancié a tour-
955    Noye de belle maniere,
Lances peintes et baniere,
Et compagnie moult belle,
Maint joueur de chalemelle
Veissiez et peussiez ouïr
960    La en droit, qui esjouïr
Faisoit tout a l'environ;
Mais de ce plus ne diron.
Plusieurs paveillons fait tendre
J'avoye ou lieu pour attendre
965    Ceulz de hors, ou eulx logier
Se peurent et hebergier.
Si croiez qu'ains que passez
Fust le jour y vint assez
De gentilz hommes vaillans
970    Qui ne nous furent faillans
A la jouste; aultres se tindrent
A cheval qui veoir vindrent.
Mon cousin sans longue arreste
Trouvé a sa jouste preste
975    D'un chevalier qui a point
Contre lui, mais il n'a point
Guenchy, ains si le rancontre
Qu'il l'abat a cel encontre
Si qu'il fault que sang en saille.
980    Nostre en fut la commençaille,

967 *A'* que a.

Adonc ouïssiez crier
Hairaulx et hault escrier
Son nom qui en Angleterre
Ert congneu et mainte terre.
985  Des pavillons lors saillirent
Cinq des nostres, ne faillirent
Mie a tost la jouste avoir,
Mais chascun d'eulx y a, voir,
Son devoir si trés bien fait
990  Que renom de leur bienfait
Devoit bien par raison estre.
Or commence en la champestre
La jouste aval et amont,
A doubles renc et a moult
995  Enforciez les nostres furent
Hors sailliz qui, comme ilz deurent,
Jousterent hardiement.
Lors menestrelz liement
Cournoient, hairaux crioient,
1000  Et ces chevaliers joustoient
A effort par divers rencs
Sus grans destriers aufferens.
Ma dame et dame autre mainte,
Ou beaulté fu toute emprainte,
1005  Sus eschaffaulz bien parez
Par maints degrez separez
Estoient, les belles nées,
En couronnes atournées,
Vint dames a blonde trece
1010  Dont la souveraine et maistresse
Estoit celle ou je pensoie ;
Tout d'un parement de soye
Blanc, brodé d'or a certaine
Devise, chose est certaine,

984 *A'* congne — 995 *A'* nostre — 1005 *A'* pareez

1015    Estoient ces vint vestues.
        Deesses du ciel venues
        Sembloient ou fées faictes
        A souhait toutes parfaittes.
        Si pouez savoir de certes
1020    Que maintes cources apertes
        Firent la journée faire,
        Car ne devoit pas pou plaire
        A ceulz qui telz creatures
        Veoient, par quoy grans cures
1025    Mettoient d'en pris monter
        Et l'un l'aultre surmonter
        Pour mieulx acquerir leur grace.
        Si veissiez en celle place
        Maint cop d'assiete diverse
1030    Et comment l'un l'autre verse
        De hurt et l'autre en lumiere
        Assegne d'aultre maniere
        Ou fiert ou targe ou hëaume ;
        La l'un l'aultre desheaume
1035    Ou a un mont tout abat ;
        L'autre vient qui le rabat ;
        Lances brisent, cops resonnent,
        Et ces menestrelz hault sonnent
        Si qu'on n'oïst Dieu tonnant.
1040    Ainsi vont grans cops donnant
        D'ambedeux pars l'un a l'aultre.
        Et atant, lance sus faultre,
        G'is hors de mon paveillon
        Plus gay qu'un esmerillon,
1045    Fort affermé en l'estrier,
        Tout blanc armé sus destrier
        Qui ot blanche la couverte ;

1030 *A² ajoute* y *après* autre — 1037 *Les mss portent* L. brises
— 1044 *A¹* que un

N'i ot ne rouge ne verte
Nulle aultre couleur quelconques
1050   Fors fin or; o moy adoncques
Tous ceulz de dedens yssirent
Qui puis maint bel cop assirent,
Et tous blancs armez estoient,
Et les lances que portoient
1055   Noz gens fors que coleur blanche
N'y ot; si os fait la manche
Que ma dame m'ot donnée,
Moult richement ordennée,
Fort sus mon timbre atachier,
1060   Que on ne la peust errachier;
Et, sur mon hëaume mis
Le chappel vert, lors me mis
Bien a compaignie en voye;
Car moult grant desir avoye
1065   De ma trés doulce deesse
Veoir; lors plein de leesce
Arrivay ou l'en joustoit.
L'ueil hauçay ou elle estoit
Et receus son doulz regart,
1070   Si n'oz de nul mal regard.
Mon tour fis par devant elle,
Puis me hëaume ysnelle-
Ment et en renc vins; present
Elle, ma lance en present
1075   Me bailla un noble conte
En me disant que grant honte
Seroit se bien ne joustoie
Quant si noble tymbre avoye.
Adonc la lance baissiée,
1080   Desirant que bien l'assiée,
Poins destrier sans retenir
Contre un aultre; adonc venir
Vers moy le veissiez; la course

Ne faillimes pas, mais, pour ce
1085 Que c'est honte de compter
Son mesmes fait, raconter
Ne vueil plus en ce cas cy
De mon fait, fors tant qu'a si
Bien fait tint la belle née
1090 Ce que fis celle journée
Que trop grant loz m'en donna,
Sienne mercy, et donna
De ceulz de dedens le pris
En la fin, et je le pris
1095 Par le bon assentement
Des dames, perfaittement
Joyeux, ce sachiez de voir
Qu'a mon pouoir mon devoir
Y fis, selon mon joenne age,
1100 Tout le jour, et, se bernage
Y fis, aucun loz avoir
N'en doy, car on peut savoir
Qu'Amours faisoit tout l'affaire,
Non pas moy, si n'en fault faire
1105 Compte ; et si n'est mie doubte
Qu'il avoit en celle route
Mains chevaliers esprouvez
Trop meilleurs que moy trouvez,
Car de toutes pars venus
1110 Y furent grans et menus
Et qui mieulx gaignié avoyent
Le pris et bien le savoyent ;
Mais croy que pour ce le firent
Les dames, car elles veirent
1115 Coment je yere entalenté ;
Pour ce bonne voulenté,
Je croy, pour fait reputerent
Lorsque le pris me donnerent
A fin que fusse rentiers

1120 De jouster plus voulentiers.
A un Alemant, abylle
Et fort jousteur entre mille,
De ceulz de dehors donné
Fut le pris qu'iert ordonné.
1125 Ainsi dura tout ce jour
Celle jouste, et sans sejour
Nouveaulx jousteurs y venoient,
Et les nostres maintenoient
La jouste contre tout homme.
1130 Qu'en diroye toute somme?
Trestous bien et bel le firent,
Mais tous les cops qu'ilz assirent,
Qui, quoy, comment n'en quel guise,
N'est besoing que le devise,
1135 Car la ne gist mon propos
Ne ce que dire propos.
Nuit vint, la jouste failly;
Atant chascun s'en sailli;
Tous et toutes s'en tournerent
1140 Et ou chastel retournerent
Ou le soupper queux hastoient.
Es logeis qui hors estoient
Mes gentilz hommes tramis
Pour prier, comme a amis,
1145 De par les dames de pris
Et de par moy, qui depris
Faisoie a tout gentil homme,
Estrange et privé, tant comme
Je pouoye, qu'ilz venissent
1150 Et la feste o nous tenissent.
Ainsi tout a la reonde
Fis crier table reonde,
Que qui y vouloit venir

1128 A' l. nostre

Vensist la feste tenir.
1155    Lors puis le grant jusqu'au meindre
Y vindrent sans nul remaindre ;
Si y ot de maintte terre
Barons, et ne fault enquerre
S'il y ot grant assemblée,
1160    Car a joye redoublée
Y furent receus a plain
Tant de gent qu'esté a plein
Le chastel. A lie face
Les receus ; la ot grant mace
1165    De barons de maint païs
Et de gentilz homs naïs,
Et chascun en son degré
Y honnouray tout de gré.
Le soupper grant et notable
1170    Y fut ; quant levez de table
Fumes, menestrelz cornerent,
Et de dancer s'ordennerent
Compagnons de noble sorte ;
N'y a cellui qui n'y porte
1175    Riche habit de broderie
Tout semé d'orfaverie
D'or et d'argent a grans lames,
Et d'une livrée dames
Vestues veissiez ; pareil
1180    Se mettent en appareil
Pour dancier joliement.
Adonc veissiez liement
Commencier feste joyeuse,
La ou mainte gracïeuse
1185    Dame et damoiselle gente
Courtoisement, par entente,
Ces estrangiers vous prioient

1166 mss hommes — 1179 A¹ Vestus — 1187 mss estrangier

De dancier et les prenoient.
Lors veissiez tresches mener
1190    Par sale, et chascun pener
De dancier en gaye guise.
Et moy, en qui Amour mise
Ot la desireuse flamme,
N'avoye fors a ma dame
1195.    Pensée, regard n'entente ;
De dancier un pou d'attente
Fis, a fin qu'on n'aperceust
Ma pensée ne sceüst,
Ains me tenoye o les sages
1200    Chevaliers, tant que messages
Me vindrent dire qu'alasse
En la sale et ne tardasse,
Car ma dame me mandoit
Qui trop fort me demandoit ;
1205    De ce fus je lié sans doubte.
Adonc a moult belle route
De gentilz hommes m'en tourne
En sale ou nul ne fut mourne,
Ains dançoyent a l'estrive,
1210    Et quant vers ma dame arrive :
« Beau cousin », me va elle dire,
« Que ne danciez vous, beau sire ! »
Je dis : « Ma dame, venez
Dancier et si me menez. »
1215    Elle dist qu'ainçois dançasse.
Lors, a fin que commençasse
Prins une dame jolie
A la dance, a chiere lie,
Un tour ou deux la menay
1220    Et en son lieu ramenay ;
Puis ma dame par la main
Prens, a la dance la main
Gayement par accordance.

Ainsi dura celle dance
1225 De la nuit moult grant partie,
Et après s'est departie ;
Chascun s'ala reposer
Et en beaulz blancs draps poser.
Mais moy qui dame et maistresse
1230 Avoye, et qui la destresse
De desir d'estre amé d'elle
Sentoye soubz la mamelle,
Dont je fus feru par my,
Disoye ainsi a par my :

### Rondel

1235 R ians vairs yeulx dont je porte l'emprainte
Dedens mon cuer, par plaisant soūvenir,
Tant m'esjoïst l'espart a souvenir
De vous, trés doulz qui me tenez en crainte.

Et d'amoreux mal fust ma vie exteintte,
1240 Mais vous faites ma vigour soustenir,
Rians vairs yeulx dont je porte l'emprainte.

Car il m'est vis que par vous a l'atteinte
Venray de ce ou desir avenir :
C'est qu'a son serf ma dame retenir
1245 Me vueille, et que sera par vous contrainte,
Rians vairs yeulx dont je porte l'emprainte.

Le jour vint, et qu'en diroye ?
Pour quoy plus esloingneroye
Sans achoison ma matiere ?
1250 L'endemain trestoute entiere

1228 A' blanchs

La journée aussi jousterent
Escuiers qui se y porterent
Bien et bel en toute guise.
De vert vestus a devise
1255 Furent vint aussi qui tindrent
La journée, et y vindrent
Les dames pour les veoir
Et pour le pris asseoir.
Vint damoyselles y furent
1260 Vestues de vert et eurent
Chappeaulx d'or dessus leurs treces,
Et toutes trés grans maistreces
Estoient, gentes et belles.
Mains destriers a haultes selles
1265 Firent le jour de rencontre
Jetter jus et ferir contre
Targes et lances brisier.
La maint cop qu'on doit prisier
Veist on donner et attendre;
1270 Mais je ne vueil plus entendre
A de ce tenir long compte,
Car mieulx me plaist que je conte
Ce pour quoy je commençay
Ce dit, et ce que pensay,
1275 Fis et dis en celle amour
Ou puis fis mainte clamour.
Trois jours entiers, n'est pas fable,
Dura la feste agreable
Ou toutes gens bien venus
1280 Furent et aise tenus;
Puis la feste departi,
Mais ma dame ne parti
D'un moys entier de cel estre.
J'en fis prier cil qui maistre

1268 *A*¹ dot p.

1285 Estoit de ce ottroier
Qui l'ottroya, dont loyer
Moult volentiers lui donnasse
De cel ottroy se j'osasse.
Si pouez assez savoir
1290 Quel joye devoye avoir
De celle plaisant demeure.
Si ne pensoye nulle heure
Fors visier perfaittement
Par quel voye esbatement
1295 Mieulx lui peüsse donner :
Un jour faisoye ordonner
Baings et chaufer les estuves,
En blancs paveillons les cuves
Asseoir en belle place ;
1300 La convenoit que j'alasse
Quant ma dame ou baing estoit
Qui pas ne me dehaittoit,
Ains joye avoye perfaitte
Quant je veoie sa faitte
1305 Char blanche com fleur de lis.
Se ce m'estoit grant delis
Assez penser le pouez
Vous qui recorder l'ouez.
Aultre jour chacier alions,
1310 Et autre nous devalions
Descendans sus la riviere
Pour voler ; en tel maniere
Suivant maint joyeux sentier
Passames ce moys entier.
1315 Mais sachiez qu'en ce soulas
Ou je fus, Amours son las
Plus qu'oncques mais estraigny
Mon cuer et si contraigny

1301 *Les mss portent* Qu'a ma

Que un grant desir d'estre amé
1320 Fu en moy si enflammé
Qu'ainçoys que cessast la feste
Oncques si dure tempeste
Ne souffry autre povre homme.
Bien n'avoye fors tant comme
1325 Je la pouoye veoir
Et mes yeulx fort asseoir
Sur elle, dont ja lassez
Je n'en fusse, n'estre assez
Ne pouoye en sa presence,
1330 Ce m'yert vis, mais celle aisance
Me faisoit par doulz vouloir
Si desirier que doloir
Me convenoit durement,
Si que croiez seurement
1335 Que si sage pas n'estoye
Que le grief mal que portoye
Je sceusse trés bien couvrir,
Tout ne voulisse je ouvrir
Mon penser a homme né
1340 N'a femme, mais si mené
Estoye et en si grant rage
Que mon semblant le courage
Demonstroit, maulgré qu'en eusse;
Et convenoit que je fusse
1345 Puis pensif, puis reveillé;
Et comme homs desconseillé,
Souvent si fort je plouroie
Qu'a vis m'yert que je mouroie
En grief dueil par un despoir
1350 Et deffaillance d'espoir
D'a s'amour jamais atteindre,
Dont palir, fremir et teindre,

1346 A' homme

Et souvent couleur muer
Me convenoit et suer
1355   En tremblant, puis tressaillir,
Si que aucunes fois faillir
Mon cuer du tout convenoit,
Dont moult souvent avenoit
Qu'au lit tout coy en estoie.
1360   Ne beuvoye ne goustoye
Viande ou saveur je eusse,
Ne dormir je ne peüsse
Pour riens, dont si m'atiray
Que durement empiray ;
1365   N'on ne savoit que j'avoye,
Car dire par nulle voye
Mon fait a nul ne voulsisse,
Ne je ne le regehysse
Pour morir, meismes a celle
1370   Qu'amoye, et touteffois elle
Souventes fois m'enqueroit
Que j'avoye et requeroit
Que lui deisse et ne cellasse
Mon estre et que je parlasse
1375   A elle sans avoir doubte,
Car peine elle mettroit toute
De m'en gitter, n'en doubtasse.
Et ainsi par long espace
Ma dame me confortoit,
1380   Mais le faissel que portoit
Mon cuer, pour tant, regehir
N'osasse ne lui gehir
Pour tout l'or qui est ou monde,
Ains de pensée perfonde
1385   Larmoyoye et souspiroie.
Ne sçay que plus en diroye,

1361 *A* ¹ ou savoir

Ainsi alors m'acointay
De desir, mais acointe ay
Eu en lui dur et penible,
1390 Car depuis lors la paisible
Jolye joye failly
Qu'avoye ainçois, et sailli
Mon cuer en aultre dongier,
Car me convint estrangier
1395 Tout soulas et de tristece
Faire ma trés dure hostesse.
Et longuement en ce point,
Sans ce que j'osasse point
Requerir mercis, je fus,
1400 Pour doubtance de reffus.
Si disoye en complaignant
Ces moz en mon mal plaignant :

### Balade

A mours, jamais ne cuidasse
   Qu'a ton servant procurer
1405 Deusses tel doleur qui passe
Toutes, car ne puis durer.
Si te puis sur sains jurer
Qu'a la mort m'en vois le cours
Se de toy n'ay brief secours.

1410 Car ardent desir me lasse
Tant que ne puis endurer
La peine qu'il me porchace,
C'est par toy; vueillez curer
Mon mal et de moy curer,
1415 Car aillours ne sçay recours
Se de toy n'ay brief secours.

1407 *A'* saints

Et certes mieulz mort amasse,
Je te jur sans parjurer,
Que souffrir long temps la masse
1420    D'ardeur que fais enmurer
En mon cuer, et murmurer
N'ose ; si vais en decours
Se de toy n'ay brief secours.

De joye veulz espurer,
1425    Amours, mon cuer et purer,
Si qu'a doleur je recours
Se de toy n'ay brief secours.

Au chief du moys ma maistrece
Pour qui vivoye a destrece
1430    Convint partir du manoir
Devant dit, et plus manoir
N'y pot, si s'en departi ;
Dont moult fus en dur parti
Puis que perdoye la veue
1435    De la belle trés esleue
Sans qui ne pouoye vivre.
Or fus je du tout delivre
De joye, car sans sejour
La souloye a long sejour
1440    Veoir et estre avec elle ;
Mais, sans en ouïr nouvelle
Ne la veoir, convendra,
Peut estre tel fois vendra,
Trois moys ou quatre passer,
1445    Qui m'estoit chose a passer
Moult dure ; si regraittoye
Le temps passé et sentoye
Pour ce depart tel dolour

Que j'en perdoye coulour,
1450 Sens, maniere et contenance.
Si croy que mon ordenance,
Ce peut bien estre, aperceurent
Pluseurs gens dont ilz esmeurent
Paroles que l'en pesa ;
1455 Et de ce tant me pesa
Que de dueil cuiday morir.
Quant je ouÿ la voix courir
Que ma belle dame amoye,
Si engreiga plus la moye
1460 Doleur, car par ce j'oz doubte
Que la grant amistié route
Fust de moy et ses amis,
Et ceste doleur a mis
En moy peine trop rebourse,
1465 Car j'oz grant paour que pour ce
Aler lors on l'en faisoit,
Et ce tant me desplaisoit
Que ne le savoye dire,
Toutefois ma dolente yre
1470 A mon pouoir je celoye
Encor mieulx que ne souloye,
Et disoye en souspirant
Ces moz cy, grant dueil tyrant :

### Balade

Or est du tout ma joye aneantie
1475 Et mon soulas tourné en amertume,
Trés doulce flour, puis que la departie
Je voy de vous, et la doulce coustume,
        Las ! que j'avoye
De tous les jours vous veoir, qui en joye
1480 Me soustenoit, sera tourné[e] en yre.
Hé las ! comment vous pourray je a Dieu dire !

Ma doulce amour, ma dame et ma partie,
Celle de qui ardent desir m'alume,
Et que feray quant, n'en tout n'en partie,
1485 Ne recevray d'amours fors que l'escume?
   C'est que ou que soye
N'aray confort ne chose qui m'esjoye
De vo beaulté qui loing de moy se tire.
Hé las! comment vous pourray je a Dieu dire!


1490 Ha! mesdisans, ceste euvre avez bastie
Et pour ma mort forgé[e] a dure enclume;
Fortune s'est a mon mal consentie,
Qui chiere n'a ne ma char ne ma plume.
   Or n'y sçay voye
1495 Fors que morir, Dieu pri qu'il m'y convoye,
Car sans vous n'est riens qui me peust souffire.
Hé las! comment vous pourray je a Dieu dire!


   Ha! simple et coye,
Au moins voiez comment plour et larmoye
1500 Pour vo depart qui me met a martire.
Hé las! comment vous pourray je a Dieu dire!


   Le jour de la departie
   Vint, lors ma dame est partie
   Et croy que se reposast
1505  Encor d'aler se elle osast,
   Mais obeïr convenoit
   Lors, si qu'il apertenoit
   A son noble cuer apris;
   Tous remercie et a pris
1510  Congié et se met en voye.


1499 *Les mss portent* m. vous v. — 1500 *A*¹ vous d.

Et moy, las! qui la convoye,
Aloye lez sa litiere,
Et la belle, qui entiere-
Ment pouoit apercevoir
1515   Comment sans la decepvoir
L'amoye de vraye entente,
Me regardoit par entente
Affermée, de maintien
Si trés doulz que je maintien
1520   Que reconforter vouloit
Mon las cuer qui se douloit,
Et plus avant ce peut estre
Me deïst, mais a senestre
D'elle un aultre chevauchoit
1525   Et de nous si s'approuchoit
Que loisir n'eussions de dire
Chose ou trouvast a redire,
Dont durement le heoie ;
Mais souffrir, bien le veoie,
1530   Mains dongiers me convendroit,
Souventes fois avendroit.
Et ainsi nous chevauchames
Tant que cheux elle arrivames
En journée et demie,
1535   Mais long ne me sembla mie
Le chemin mais tost passé,
Car je n'y fus pas lassé
Tout fusse je vray martir.
Si me voulz d'elle partir,
1540   Mais le maistre, pour maniere
Faire d'assez feinte chiere,
Se pena de me tenir,
Et sçoy a son maintenir
Que de moy en frenaisie
1545   Estoit ; celle jalousie
Lui avoit boutée en teste

Un qui fu a nostre feste,
A qui depuis je rendi
Le loyer, mais j'attendi
1550 Que l'en ne s'en donnast garde.
Si ot ce mauvais en garde
La belle que j'aouroye,
Dont de doulour je moroye.
Si prins congié et en voye
1555 Me mis, et le dueil qu'avoye
Dissimulay et couvry,
N'oncques l'ueil n'y descouvry,
Pour regarder ma souveraine
Qui me fu diverse peine,
1560 Et a peine s'en tenoit
Mon cuer, mais le convenoit
Pour paour du mesdisant,
Si aloye ainsi disant :


*Balade*

A Dieu, ma redoubtée dame,
1565 A Dieu, sur toutes souveraine,
A Dieu, perfaitte et sanz nul blasme,
A Dieu, trés noble et d'onneur pleine,
A Dieu, vraye loyal certaine,
A Dieu, la flour de tout le monde,
1570 A Dieu sans a Dieu, blanche et blonde.

A Dieu, sage et qui hait diffame,
A Dieu, flun qui grant joye ameine,
A Dieu, le port de noble fame,
A Dieu, doulce voix de seraine,
1575 A Dieu, doulz loyer de ma peine,
A Dieu, celle en qui grace habonde,
A Dieu sans a Dieu, blanche et blonde.

A Dieu, trés doulz oeil qui m'éntame,
A Dieu, trop plus belle qu'Helaine,
1580 A Dieu, bonne de corps et d'ame,
A Dieu, trés gracïeux demaine,
A Dieu, joyeuse tresmontaine,
A Dieu, de toute valeur l'onde,
A Dieu sans a Dieu, blanche et blonde.

1585 A Dieu, princesse trés haultaine,
A Dieu, accueil que crainte meine,
A Dieu, de tous les vices monde,
A Dieu sans a Dieu, blanche et blonde.

Ainsi a par moy parloye
1590 Et gemissant m'en aloye,
Et tant d'errer estrivay
Qu'a mon manoir j'arrivay.
Si me trouvay envaÿ
De grief dueil et esbahy
1595 Quant plus n'ay chieux moy veüe
Celle que os a dame esleue
Que mon cuer tant tenoit chiere.
Or ay dit comment premiere-
Ment je desiroye estre
1600 Amoureux et ou doulz estre,
Coment Amours me navra
Du dart dont mon cuer n'avra
Jamais santé, si diray
Du mal que depuis tyray,
1605 Aussi est droit que je die
Le bien : celle maladie
Moulteplioit et croissoit
Dont ma vigour descroissoit,
Si que pale, maigre et las
1610 Estoie et souvent, hé las !
Disoie par desconfort,

Car je n'avoie confort
De nulle part puis que voye
Bonne trouver ne savoye
1615    De veoir ma doulce dame,
Car tant craignoie son blasme
Que je ne m'osoie traire
Vers elle, quelque contraire
Que eusse, et ce me fondoit
1620    En larmes et confondoit ;
Si en fus au lit malade
Et lors dis ceste balade :


### Balade

Puis que veoir vo beaulté souveraine
Ne puis, m'amour, ma dame et seule joye,
1625    Mon cuer livré est a mortelle peine,
Car se les biens de tout le monde avoie
Sans vous veoir souffisance n'aroye,
Et j'en suis loing ! dont me convient complaindre
En regraitant le bien qu'avoir souloie ;
1630    Si ne m'en sçay a autre que vous plaindre.

Car vraye amour, de ce soyez certaine,
Le souvenir comment je vous veoye
Ne laist partir de moy qui me rameine
Vostre beaulté au devant, simple et coye,
1635    Par quoy desir si durement guerroye
Mon povre cuer que je le sens esteindre
Ne plus de mal en mourant je n'aroye ;
Si ne m'en sçay a autre que vous plaindre.

Hé las ! au moins, belle, pour qui j'ay peine,

1623 *Les mss portent* v. vostre — b. 1630 *A²* qu'a v.

1640 Se pour vous muir, de quoy je suis en voye,
   Priez pour moy, et m'ame sera saine,
   Et se vo doulz oeil un pou en larmoye
   M'ame en sera plus ayse, se la moye
   Douleur vous fait par de pitié contraindre
1645 Un pou gemir, car pour vous plour me noye,
   Si ne m'en sçay a autre que vous plaindre.

   Ha ! doulce flour a qui tout je m'ottroye,
   Je sens mon cuer par trop amer estraindre,
   Et Fortune ne veult que vous revoye ;
1650 Si ne m'en sçay a autre que vous plaindre.


COMMENT L'AMANT SE COMPLAINT A SON COMPAIGNON

   Ceste douleur me dura
    Un tandis ou endura
   Mon cuer trop greveuse ardure,
   Et, sans faille, ceste dure
1655 Peine m'eust a mort mené
   Se Dieu tost n'eust 'ramené
   Le devant dit mien parent
   Qui de mort me fut garent.
   De hors du païs venoit
1660 Et le mal qui me tenoit
   Assez avoit parceü
   Par mon semblant et sceü.
   Si me trouva moult malade,
   A couleur desteinte et fade,
1665 Dont il lui pesa griefment.
   Ver moy vint le plus briefment
   Qu'il peut, si fus esjouÿ

1644 *Les mss portent* p. contraintte

Si tost que sa voix j'ouÿ,
Car moult chierement l'amoye ;
1670  Et adonc cellui larmoye
Quant si me voit empirié ;
Si l'ay près de moy tirié
Et l'acol par amour chiere,
Et il me dist : « Dieux ! quel chiere
1675  Faites vous, et est ce adcertes ?
Il fault que je sache, certes,
Vostre estat, sans rien celer,
Ne me devez receler
Vo courage ne vostre estre
1680  Ne plus que feriez au prestre
A qui vous confesseriez,
Et certes vray fol seriez
De tenir ou cuer enclose
La douleur qui tient forclose
1685  Vostre joye et vo santé ;
Et tant le monde ay hanté
Que je voy, congnois et sçay
Vostre mal, car a l'essay
Ay esté de tel malage.
1690  Ce n'est pas mal, ains est rage,
Car d'amours vous vient sans faille
Qui vous art com feu en paille ;
De ce riens ne m'aprendrez.
Et grandement mesprendrez
1695  Vers nostre vraye accointance
Se de moy aviez doubtance
Qu'en riens je vous descelasse
Et que je ne vous celasse
Plus que mon fait proprement.
1700  Et le mal qui asprement
Vous tient quoy comment me dites,
Et vo douleurs plus petites
En trouverez, n'est pas doubte,

Car trop grant mal en soy boute
1705  Cil qui sueffre maladie
D'amours sans qu'a nul la die.
Si me dittes tout vostre estre,
Mon doulz cousin, sire et maistre,
Sans que riens ou cuer remaigne,
1710  Ou se non, en Alemaigne
M'en ryray jusqu'a grant piece,
Car ne cuidiez qu'il me grief ce
Petit d'ainsi vous veoir ;
Ne me doit mie seoir. »
1715  Quant cellui qui chier m'avoit
M'eut tout au mieulx qu'il savoit
Ainsi preschié que lui deisse
Tout mon penser et gehysse,
Son doulz parler si lia
1720  Mon cuer et amolia
Qu'a sangloutir et plourer
Me pris si fort qu'acourer
Sembloit que de douleur deusse
N'a lui parler ne peüsse,
1725  Qui me donnast tout le monde.
Et cellui, a trés grant onde
A plourer, par grant pitié,
Se prist, mat et dehaitié
Du mal que me voit souffrir,
1730  Et moult commence a s'offrir
A moy de corps et d'avoir
Pour me faire joye avoir,
Et peine en toute maniere
Y mettra, ja si grant n'yere
1735  La chose, n'y failliroit
Et bien me conseilleroit,
Mais que je me confortasse

1711 A² M'en n'yray — 1729 Les mss. portent veoit s.

Et que plus je ne plourasse,
Car sens ne honneur n'estoit.
1740  Et ainsi m'amonnestoit
Mon chier ami de reprendre
Joye en moy; lors, sans attendre,
Dis : « Doulz cousin et ami,
Je sçay bien qu'avez a my
1745  Grant amour, si ay je certes
A vous, dont joyes ne pertes
N'aultre aventure quelconques
Celer l'un a l'autre doncques
Ne devons; si vous diray
1750  Tout mon fait, n'en mentiray,
Combien qu'oncques n'en parlasse
A personne tant l'amasse.
Trés doulz cousin, vous savez,
Se souvenance en avez,
1755  Comment vous et moy alames
Pieça en lieu ou trouvames
Assez près de cy venue
Tel dame dont la venue
Ay depuis chier comparée,
1760  Car trés lors fut separée
De moy ma trés simple enfance,
Et sans cuidier faire offense
Amours me fist celle amer
Par qui je muir, mais blasmer
1765  Ne m'en doit nul, car sans faille
Il n'est dame qui la vaille
En beaulté, en sens n'en pris.
Si savez comment j'empris
Nostre feste qui fut belle
1770  Et tout fut pour l'amour d'elle.
Après la feste faillie

1751 *A²* que onq rien n'en

A cil qui l'a en baillie
Je fis prier de laissier,
Pour esbatre et esleescier,
1775 Ma doulce dame manoir
Tout l'esté en no manoir,
Pour chacier en la forest
Qui vert yere et encor est.
Si savez que voulentiers
1780 L'ottroya, mais, croy, entiers
Trois jours puis n'y arrestastes,
Car tantost vous en alastes,
Et je demouray en joye
Pour ma dame que veoie
1785 A loisir ce temps durant.
Mais Meseur, qui procurant
Va maint mal aux amoreux,
Pour me faire douloureux
Fist a tel, que mau feux arde!
1790 De mon maintien prendre garde,
Et comme hom plein de malice
De moy qui fus trop novice
Bien aperceut le courage
Et comment mon cuer en gage
1795 A elle estoit seulement;
Si ne sçay je nullement
Comment le peut percevoir,
Car pour chascun decepvoir
En ces cas peine mettoie
1800 De me celer, et hantoye
Autant ou plus autre dame,
N'oncques je ne dis a ame
Mon penser, mesmes nel dis je
Oncque a celle a qui suis lige
1805 Qui riens n'en scet, dont me poise;

1780 $A^1$ L'ottroyay — 1781 $A^2$ .VII. j. — 1791 $A$ homme

Et ce desloyal tel noyse
En a fait et tel nouvelle
Que le jaloux fist la belle
Partir sans plus de demour;
1810    Dont, se je n'eusse eu cremour
De l'onneur d'elle empirer,
J'en eusse fait souspirer
Et jusqu'a mort repentir
Cil par qui ce yert et sentir
1815    Ma doleur et ma pesance.
Et ainsi en desplaisance
Ay despuis vescu l'espace
De troys moys, et mieulx amasse
Mourir pour estre delivre
1820    De ce grief mal qu'ainsi vivre,
Puis qu'aultrement ne la puis
Veoir, combien qu'elle a puis,
Sienne mercis, demandé
De mon estat et mandé
1825    Que un pou de temps me teneisse
D'elle veoir et n'en feisse
Semblant et qu'un temps vendroit
Qu'autrement en avendroit,
Et que feisse bonne chiere.
1830    Si sçay que ma dame chiere,
Au moins si comme je pense,
Congnoist et scet sans doubtance
Que je l'aime entierement,
Mais ne puis legierement
1835    Souffrir l'effort du desir
Que j'ay, car trop la desir.
Si l'ay je depuis veüe
Mais non mie a la sceüe
Des gens, car me desguisié;

1822 A¹ que e. — 1827 A¹ que un

1840 Que je ne fusse advisié ;
De loins l'ay veue passer.
Ainsi, comme ouez, passer
M'a falu depuis ma vie
En tel dueil que n'ay envie
1845 Fors de bien briefment morir ;
Si ne voy que secourir
Vous ne autre me peüst,
Car que ne l'aperceüst
Le jaloux ou ses agaites
1850 Est impossible, et n'en faittes
Doubte qu'il me convient cuire
En ce sain ou que je muire,
Et ainsi pouez ouïr
Comment me doy resjouïr
1855 De ceste dure accointance
D'amours, et comment j'y tence
En ma balade escoutez,
Cy un pou vous accoutez :


## Balade


Hᴀ! Amours, bien m'as traÿ
1860 Qui au premier pour moy prendre
Me fus doulz, puis envaÿ
M'as si qu'il me fault mort prendre
Par toy, l'en te doit reprendre
De porter double visage ;
1865 Mais l'un a couleur de cendre
Et l'autre a d'un ange ymage.

Dont je me truis esbaÿ

1856 *A* je y t.

D'en tel obscurté descendre
Par desir qui esmaÿ
1870  M'a, mais desespoir fait fendre
Mon cuer, et espoir entendre
A moy ne veult : l'un fait rage
Et a mort obscure tendre,
Et l'autre a d'un ange ymage.

1875  Mais bon espoir enhaÿ
M'a, et desir et toy rendre
Me voulez mort, dont haÿ !
Mi dolent, diz de cuer tendre,
Car tu pris pour mieulx m'esprendre
1880  Accueil et dongier sauvage :
L'un est au deable gendre
Et l'autre a d'un ange ymage

Amours, tu m'as fait entendre
Qu'après joye dueil attendre
1885  Puet cil qui te fait hommage ;
Deux manoirs as : l'un d'esclandre
Et l'aultre a d'un ange ymage.

Ceste balade prisa
Moult mon cousin, mais pris a
1890  Grant doulour en mon anuy,
Et moy qui ne m'en anuy
En plourant dont ne finay
Ainsy ma raison finay
Et mon mal en alegoit,
1895  Mais mon cousin enragoit
Dont ainsi desconforter
Me veoit sans deporter.
Si me prist a dire : « Avoy !

1868 *A* obscurité

Bien congnoys que pou d'avoy
1900 Et d'arroy vers vous se tire.
Quel cause avez vous, beau sire,
De vous ainsi demener ?
Certes vous devriez mener
Bonne vie, ad ce qu'entens,
1905 Quant vo dame en lieu et temps
Vous promet par son message
Du bien ; vous n'estes pas sage
Quant esperance n'avez
Qui vous conforte, et savez
1910 Que vo dame se prent garde
Que l'amez et qu'il lui tarde
Que faire vous puist plaisir ;
Coment puet tel desplaisir
En vo nyce cuer s'embatre
1915 D'ainsi vous laissier rabatre
Et tuer a desespoir?
Mains amans, sanz nul espoir
D'estre amez de leur maistresse,
Ont long temps a grant destrece
1920 Servi sanz nul bien avoir,
Ne pour sens ne pour avoir,
Un seul regart n'en avoient
Ne repairier n'y osoyent
Pour·doubtance de mesdis.
1925 Si vous souffrez et mes diz
Croiez, car n'avez que plaindre
Par ce que j'oz, et atteindre
Pourrez tost a vo desir.
Puis que vo dame a plaisir
1930 Prent vo fait, vous n'avez garde,
Ja n'y ara si grant garde
Qui l'en puisse destourner ;

1905 A' vou d. — 1928 A¹ vou d.

Mais a folie tourner
Vous puet de si longue piece
1935   Avoir mis, a qui qu'il griefce,
Sans de vostre estat savoir
Lui faire; bon assavoir
Est qu'elle ne venra mře
Vous prier, et ne sçay mie
1940   Comment si fol vous estiez,
Quant a loisir vous estiez
Avec elle sans dongier,
Que, sans longuement songier,
Ne lui disiez l'amour toute
1945   Dont l'amiez! » Adonc sans doubte
Dis : « Cousin, las! je n'osasse,
Si avoye je assez espace
Voirement, mais je doubtoye,
Et si fort la redoubtoye
1950   Que ne lui osasse dire,
Pour mourir; dont j'en souspire
Et m'en repens grandement,
Mais oncques le hardement
N'en oz, car mon cuer trembloit
1955   Devant elle, et me sembloit
Toutevoye quant j'estoye
A par moy que lui diroye.
Ainsi souvent m'avenoit,
Mais certes ne m'en tenoit
1960   Quant j'estoye en sa presence;
Tant m'enyvroit la plaisance
De son regart amoreux,
Qui tant m'estoit savoureux,
Qu'il me sembloit que sans dire
1965   Apercevroit mon martire. »
Lors mon cousin me respont :

1942 *A*¹ Avecques e.

« Fol est l'amant qui repont
Et cele l'amour a dame
Dont il l'aime, car, par m'ame!
1970   L'attente lui peut trop nuire;
Mais, puis que ne l'osiez dire
Pour la craintte que aviez,
Quant escrire bien saviez,
Pour quoy en lettre ou escript
1975   Ne lui mettiez en escript?
Et plus esbahir me puis
De vo folour quant depuis
Le temps qu'esloingnié en fustes,
Quant son message receustes,
1980   Que vous ne lui remandastes
Vostre estat, pour quoy tardastes?
Car bien a propos venoit,
Mais enfance vous tenoit,
Certes je dis de ce voir,
1985   Car pouyez apercevoir,
Puis que tant donner vous faire
Vouloit que de vostre affaire
Nouvelle ouïr s'apensoit,
Qu'elle a vostre amour pensoit.
1990   Si vous doyt tenir pour nyce
Quant ne lui mandiez. Et n'ysse
Jamais jour de vostre bouche
Parole qui en riens touche
Desconfort, ains esleesciez
1995   Vostre cuer et me laissiez
Faire, et je vueil qu'on me tonde
S'il y a homme en ce monde,
Tant savray tous aourber,
Qui vous puisse destourber

---

1972 *A²* Car la — 1973 *A²* En ce e. — 1976 *A¹* Mais p. — 1977 *A¹* folor

2000 Que vous ne voiez la belle,
Sans qu'il en soit ja nouvelle,
S'elle veult et vous voulez.
Sus, doncques, ne vous dolez
Plus ! mais faittes chiere bonne,
2005 Car, sans que plus vous sermonne,
Je vous promet et affie
Que verrez plus d'une fie
Vo dame ains que la sepmaine
Soit hors ; se Dieu la m'ameine,
2010 Bien y trouveray maniere. »
Adonc, si com la lumiere
Le temps tenebreux esclaire
Et du soleil la trés claire
Luour oste l'obscurté,
2015 Ainsi la griefve durté
De ma doleur fu garie
Par cestui cy et tarie,
Qui si bien me conforta
Que joye et reconfort a
2020 Mis en moy et fait remaindre
Ma doleur, si n'oz que plaindre.
Et cil ne s'oblia mie :
Ains que fust heure et demie
Parti, vers ma dame ala.
2025 A le faire brief, a la
Belle parla sagement,
Et pour mon alegement
Procura toute leesce,
Et de ma griefve tristece
2030 Dist, de son auctorité
Trestoute la verité,
Et comment trouvé m'avoit
Presque mort et ne savoit

2024 *A²* Partist

<br>Se pourroye revenir
2035 Du mal qui tout coy tenir
<br>Me faisoit au lit griefment,
<br>Tout lui dist, et que briefment
<br>Ne me pouoit conforter.
<br>Si la venoit enorter
2040 Que, pour Dieu! pas ne souffrist
<br>Qu'un tel joenne enfant s'offrist
<br>A mort pour la trop amer,
<br>Et que on la devroit blasmer
<br>Se de ma mort cause estoit!
2045 Et ainsi amonnestoit
<br>Par son parler doulz et sage
<br>Ma dame que du malage
<br>Ou pour elle languissoie
<br>Eust pitié, car point n'ysoie
2050 Du desir qui m'empiroit
<br>Et a la veoir tyroit.
<br>Quant sa raison ot finée,
<br>La belle trés affinée,
<br>Si comme il me raporta,
2055 Vid que couleur de morte a-
<br>Voit et moult fist mate chiere;
<br>Si vid bien a sa maniere
<br>Que mon mal lui desplaisoit
<br>Et pitié lui en faisoit;
2060 Mais non obstant, toutevoye
<br>Aler voult par aultre voye;
<br>Si commence ainsi a dire :
<br>« Merveilles dites, beau sire,
<br>Que mon cousin et le vostre
2065 Est en tel point; par l'Apostre
<br>Saint Pol! a peine le croy je
<br>. . . . . . . . . . . . . . . . . . . . . . .

2055 A¹ de mort — 2066 *Il doit manquer un vers à la suite de*
*celui-ci*

Nullement qu'il s'appensast
De ce ; Dieux, qui le pensast !
Mais s'il est ainsi, sans doubte
2070   Ce fait enfance qui boute
Son cuer et trop grant joennesce
En amer, autre riens n'est ce,
Si en sera en peu d'eure
Desmeü, se Dieux sequeure ;
2075   Mettez l'en hors, si pouez,
Conseilliez lui et louez
Que de ce il se retraye
Et autre part son cuer traye,
Car ja a moy n'avendroit
2080   Et grant mal en avendroit
S'il estoit aperceü ;
Ne sçay comment l'a sceü
Tel veillart, que Dieu maudie !
Par qui ne suis tant hardie
2085   Qu'a homme né je parlasse,
Et, s'il fust ceans, n'osasse
A vous ainsi divisier.
Coment pot il avisier
Que cel enfant eust courage
2090   De m'amer, si a fait rage
Cellui plein de punaisie,
Car eveillié jalousie
A contre moy telement
Qu'a personne nullement
2095   En secret je n'oseroye
Parler ; o moy, ou que soye,
Fault que soit li estalons
Et toudis l'ay aux talons,
Car commis est pour ma garde ;
2100   Si me suis donné de garde

2096 A¹ ou m.

Que tout ce n'est que pour doubte
De vo cousin, si escoute
Ce que on me dit et raporte,
Et souvent va a la porte
2105  Pour guetier qui ceans entre.
Et, par Dieu et dos et ventre!
Se ne fust pour conscience,
Je vous promet, et fiance,
Je l'eusse fait si bien batre
2110  Par mes parens que rembatre
Pour moy gaitier n'oseroit
Jamais, ou trop fol seroit.
Et, a fin que ceste gaitte
Cessast qui tant me dehaitte,
2115  A vo cousin je manday
Et sy m'y recomenday
Que une piece se tenist,
Que point ceans ne venist,
Que ne le veïst l'espie,
2120  Et, quant seroit ceste espie
Un pou cessé, il vendroit
Nous veoir, moult n'attendroit;
Se me semble bien, sans faille,
Que pou a pou elle faille,
2125  Et si croy que sans doubtance
Jalousie plus n'y pense,
Si pourra prochainement
Y venir, mais bonnement
Croy qu'il vault mieulx qu'il s'en tiengne,
2130  S'il pense a moy, et n'y viengne;
Car, si com chascun tesmoingne,
L'amour que on ne voit s'eslongne. »
Ainsi celle estrangement
Respont, ne d'aligement

2102  A¹ vou c.

2135    Me donner mot ne demy
        Ne parloit fors a demi.
        Mais ne s'en souffry atant
        Cellui, ains dist : « Il a tant
        De pitié en vous, ma dame,
2140    Que perdre le corps et l'ame,
        Quelque chose que disiez,
        Ne croy que vous laississiez
        A cellui qui est tout vostre,
        Voir vous dis com patenostre.
2145    Et avez dit que retraire
        Je l'en puis ; voire, par traire
        Lui l'ame du corps ! n'y sçay
        Aultre tour ! certes mis ay
        Toute peine a l'en desmettre,
2150    Mais je vous dis a la lettre
        Qu'il se muert s'il n'a secours,
        Riens n'arez gaignié se cours
        Sont ses jours par deffaillance
        De vous ! Dame de vaillance,
2155    Dites moy vostre response ;
        Car ne prise pas une once
        Le jaloux, ne ses agaites
        Ja ne feront si grans gaittes
        Que moult bien ne les deçoive ;
2160    Mais, que voye et aperçoive
        Que vous en ayez pitié,
        Faites lui tel amistié ;
        Et tant de lui vous souviengne
        Que vueilliez que o moy ça viengne,
2165    Et bien et bel lui mettray,
        Si bien m'en entremettray
        Que congneu ne sera d'omme,
        Mais que vous me dissiez comme
        Vous voulez qu'il se maintiegne
2170    Et pour vous veoir se tiengne.

Si n'alez plus retardant,
Car il lui va trop tardant. »
Celle dit : « Ne croiez mie
Que soye si s'anemie
2175   Que de son mal et mesaise
Grandement ne me desplaise ;
Car je l'aim, sachiez de voir,
De bon cuer, et son devoir
Face de m'onneur garder,
2180   Et sans gaire retarder
J'en feray tant que souffire
Lui devra, plus n'en vueil dire
A present, mais se maintiegne
Sagement et ça ne viegne
2185   Encor, mais vous y vendrez
Souvent et ne me tenrez
Gaires plait devant les gaites.
De vos nouvelles me faites
Savoir par tel qui est sage ;
2190   Vers vous yra ; ce message
Est loyal, je vous affie,
Mais vous ne lui ne se fie
En aultre, il m'en peseroit,
Aussi venir n'oseroit
2195   Autre vers moy. Si avons
Assez parlé, ne savons
Se nous sommes agaitiez.
Si soit joyeux et haitiez,
Ce dites a vostre ami,
2200   Et que avez tant fait a mi
Que, s'oultrage ne demande,
Ne fauldra a sa demande.
Si m'y recommanderez
Et le reconforterez

2200 *A²* me d.

2205    Disant qu'ains .viii. jours passez
        Veoir me pourra assez ;
        Et ne conseillons plus ore,
        Mais n'en yrez pas encore.
        Et bien nous est avenu
2210    Que dongier n'est survenu
        Tant qu'avons a long loisir
        Devisié a no plaisir.
        Si attendrez Monseigneur
        Qui joye pieça greigneur
2215    N'ot, bien le sçay, qu'il avra
        Quant vo venue savra ;
        Et un jeu d'eschiez jouerons
        En tandis; ainsi pourrons
        Aucunes fois nous esbatre. »
2220    Et adonc, sans plus debatre,
        Comencierent a jouer
        Tous droiz sur un dreçouer.
        Au chief de piece, le maistre
        Et seigneur entre en cel estre.
2225    Lors mon cousin a l'encontre
        Lui ala ; quant cil l'encontre
        A merveilles lui fait chiere,
        Et lui dist que moult a chiere
        Sa venue et que bien viengne.
2230    Brief, sans que plus je vous tiegne,
        Moult l'onnora grandement,
        Et en son commandement
        Dist que tout le sien estoit,
        Que, s'eu païs arrestoit,
2235    Autre logeis ne prenist
        Que layens, et y venist ;
        Du tout joyeux en seroit,
        Ou il s'en courrouceroit.

        2234 A² s'ou p.

Et celluy moult l'en mercie.
2240 L'endemain, après ressie,
Congié prist et s'en parti ;
De retourner s'esparty,
Car savoit quel desiroie
Et que tost grant joye aroye.
2245 Quant cellui fut revenu,
Tout ce qui ert avenu
Ou voyage dont venoit
Me dist, et que il tenoit
Que mon fait se porteroit
2250 Moult bien, car il hanteroit
Leans souvent et menu,
Par quoy et grant et menu,
Comme a ma dame ot promis,
Feroit tant que tous soubsmis
2255 Seroient a sa cordele,
Puis qu'il avoit l'accord d'elle ;
Si me dist tout et compta.
Dont de joye eü moult a
Mon cuer qui devant estoit
2260 En deul qui le tempestoit.
Mais, pour plus tost avancier
Mon fait, ad ce commencier
Me conseilla que feïsse
Unes lettres ou meïsse
2265 Mon fait tout entierement
Et comment trop durement
Amours me menoit pour elle,
·Et qu'elle ouïst la querele
De son serf qui requeroit
2270 S'amour, plus riens ne queroit,
Et toutes si faittes choses
Meisse en unes lettres closes ;
Si en seroit messagier
Pour mon mal assouagier.

2275 Et je le creus, si dittay
Unes lettres ou dit ay
Coment pour s'amour m'aloit
Et tout ce qui me doloit.
Deux balades enclouy
2280 Es lettres que je clouy,
Dont la copie entendez
Vous qui a amer tendez :


### LETTRES CLOSES EN PROSE


*A celle qui toutes passe, que mon cuer craint*
*et aoure.*


Dame, la fleur de toutes les souveraines, trés redoub-
tée et loée princesse, le desir de mon cuer et la plai-
sance de mes yeulx, trés humble recommendacion
devant mise, ma trés amée et desirée dame, vueillez
en pitié ouïr et recepvoir la douloureuse complainte de
vostre servant, lequel, comme contraint, ainsi comme
cellui qui est a mort et prent remede perilleux pour estre
a fin ou de mort ou de vie, trés doulce dame, a vous
qui par vostre escondit me pouez paroccire et par le
doulz reconfort de vostre ottroy remettre en vie, je
viens requerir ou mort hastive ou garison prochaine.
Trés belle, je sçay bien qu'en vous a tant de sens que
bien avez peu apercepvoir coment Amours ja pieça
pour vous m'avoit et a en ses laz, et comment la paour [1]
et crainte que grant amour en mon cuer mettoit me
tolloit le hardement de le vous dire, doulce dame ; et je
sçay tant de toute grace en vous que, se eussiez sceü et
saviez tout le mal et tourment que depuis ay souffert et

---

1. *A² ajoute* amour *avant* la p.

sueffre desirant vostre doulce amour, que, non obstant
que je n'aye encore fait tant de vaillance et que en moy
n'ait valeur souffisant pour avoir desservi l'amour de
assés moins haulte [1] de vous, la doulce pitié de vostre
benigne cuer ne m'eüst peü souffrir en tel langueur.
Ha! dame, et se vous prenez garde a vostre valeur et
haulte renommée encontre ce que n'ay encores acquis
le nom de vaillant pour ce que trop joenne suis, vous
m'arez mort. Mais, ma redoubtée dame, advisiez que
vous me pouez tant enrichir comme de me donner cuer
et hardement d'emprendre et achever selon ma pois-
sance toutes choses honnorables que cuer d'amant ose
penser et faire pour l'amour de dame. Et, doulce dame
et ma deesse en terre, puis que assez legierement pouez
mettre en hault degré cellui qui vous aime et aoure
comme sa plus desirée joye, vueilliez adviser comment
par vostre doulz reconfort il soit respité de mort et lui
rendu la vie. Et, se vous demandez ou voulez savoir
qui en ce point l'a mis, je vous dis que ce ont fait voz [2]
trés doulz plaisans beaulz, rians et amoreux yeulx. Ha!
dame, et, puis que par eulx a esté trait le cop mortel, il
m'est advis que bien est raison que par la doulceur de
vostre pitié doit estre assouagié et gary. Si vous plaise,
trés plaisante dame honnourée, me faire assavoir vostre
bonne voulenté et quelle voye vous voulez que je
prengne, ou mort ou garison. Et ne vous vueil mie
ennuyer de longue escripture, mais soiez certaine que
ne savroie tout dire n'escrire comment il m'en est, et
l'apercevrez de fait, ou aviengne ou non a vostre amour;
car, se je y fail, vous verrez ma mort, et, se par grace je
y adviens, l'effet du bon vouloir en servant se monstrera.
Si vous envoye ces .ii. balades cy encloses, lesqueles
recevoir en gré vous plaise. Trés belle et bonne, que
assez louer je ne pourroye, a Dieu pri qu'il vous ottroit

_____

1. A[2] m. souffisante — 2. A[1] vous

autant de biens et de joyes que pour vostre amour
ay de larmes plourées. Escript de cuer ardent et
desireux.

Vostre trés humble serf obeïssant.

Dame plaisant, sur toutes belle et bonne,
  Ayez mercy de moy qui tout m'ottrie
3285 A vous servir, ame et corps abandonne
A vo vouloir, et humblement deprie
    Que tost courir
Faciez pitié pour mon mal secourir,
Ou pour vous muir, vueillez l'apercevoir,
2290 Si me daignez pour ami recevoir.

Hé las! plaisant flour a qui je me donne,
Ne m'occiez pas, mercy je vous crye,
Priant, pour Dieu! que le mal qui s'entonne
En moy vueilliez garir, je vous en prie,
2295     Car recourir
Ne sçay ailleurs, ne me laissiez perir,
Et regardez que j'aim sanz decevoir,
Si me daingniez pour ami recevoir.

Ne voiez vous comment en plours m'ordonne
2300 Et que se vo secours trop me detrie
Je suis perdu, dont, sans que plus sermonne,
Vueilliez m'amer, car Amours me maistrie,
    Dont acourir
Faites mercis, car je suis au morir
2305 Et vous savez que je dy de ce voir,
Si me daigniez pour ami recevoir.

Dame, mercis, et quant fais mon devoir
Si me daigniez pour ami recepvoir.

### Autre Balade

Ayez pitié de moy, ma dame chiere;
2310   Chiere vous ay plus que dame du monde,
Monde d'orgueil, ne me faites vo chiere
Chiere achater par reffus, blanche et blonde;
L'onde de plour m'ostez si que revoye
Voye d'avoir soulas qui me ravoye.

2315 Et se je y fail, pour ce qu'a moy n'affiere,
Fiere moy mort, et en dolour parfonde
Fonde mon cuer et plus vivre ne quiere,
Quiere doleur ou tout meschief responde,
Responde a tous : Amours point ne m'envoye
2320 Voye d'avoir soulas qui me ravoye.

Belle plaisant et de tous biens rentiere,
Entiere en foy, sans pareille ou seconde,
Com de vo serf faites, sans m'estre fiere,
Fierement non, qu'en doleur je n'affonde;
2325 Fonde qui fiert mon cuer, faites que voye
Voye d'avoir soulas qui me ravoye.

Dame, vueillez que vo secours m'avoye
Voye d'avoir soulas qui me ravoye.

Ainsi comme ouez, escrips
2330 A ma dame, ou les escrips
De mes douleurs assavoir,
Pour son alegence avoir,
Lui fis. Mon cousin porta
Les lettres; a sa porte a

2327. A¹ *repète après* Dame, d'avoir soulas qui me ravoye

2335    Esté en pou de demeure,
        Et bien eut espié heure
        Qu'il peüst parler a elle
        Sanz dongier, lors la nouvelle
        De mes lettres lui nonça
2340    Dont elle en riens ne grouça,
        Ains les receut en riant ;
        Deux ou trois fois soubsriant
        Leut la lettre et la balade,
        Puis a dit la belle sade :
2345    « A vo cousin rescripray,
        Plus adès ne vous diray,
        Et je y vois ; ains que se passe
        Mon loisir en cel espace,
        Aux eschez vous esbatez
2350    Et ma cousine matez. »
        Lors elle et son secretaire,
        Qui bien savoit secret taire,
        Et sans plus une autre dame
        Secrete, n'y ot plus ame.
2355    En une chambre se tyre,
        Son penser commence a dire
        Et teles lettres ditta
        Comme cy en escript a :


RESPONSE DE LA DAME AUX LETTRES DEVANT DITTES


A mon gracieux ami.

Mon bel et gracieux chevalier, vueilliez savoir que
j'ay receu voz doulces et amoureuses lettres et ballades
esquelles me faites savoir l'estat ou vous dites que, se
brief secours n'avez [1], vostre vie convient finer. Si vous

1. A' omet n'avez

rescrips mes lettres pour respondre ad ces choses. Sy sachiez que s'il est ainsi que pour cause de moy aiez tant de mal, il m'en poyse de tout [1] mon cuer; car ne vouldroye estre achoison de grevance a nulluy [2], et plus de vous me peseroit, en tant que vous congnois, que d'autre quelconques. Et quant est de vous donner allegance, laquelle me requerez, mon chier ami, je ne sçay quelle est l'entente de vostre requeste, mais, a vous dire de mon entencion, sachiez de vray que, ou cas que m'en requerriez ou que j'apperceüse que entente eüssiez a chose qui a deshonneur tourner peüst ne a mal reproche, jamais n'y avendriez et du tout vous vouldroie je extrangier; de ce pouez estre certain, car pour chose née ne vouldroye ameindrir mon honneur, ainçois mourroye. Mais, se ainsi estoit qu'amour de dame donnée honnourablement et sans villain penser vous peust souffire, sachiez que je suis celle qu'Amours a ad ce menée qui vous vueil asmer trés or et trés ja. Et, quant je savray par certaine congnoiscence que vostre voulenté ait souffisance de ce que la moye lui vouldra ottroier, encor vous dy tant de mon penser que pour ami seul trés amé vous vouldray je tenir [3] par si que je voye continuer vostre amoreux propos et bon vouloir. Et s'il est ainsi, comme vous m'avez en voz dittes lettres touchié, que je puisse [4] estre cause de vostre exaulcement en vaillance, je suys celle qui ne demande- roye a Dieu plus grant grace. Si me vueilliez sus les dittes choses escripre vostre plain vouloir, et toutes- voyes gardez que nul desir ne vous face estre menteur de chose dont l'effet soit monstré ou temps a venir con- traire aux paroles en quelconques cas, car du tout je vous banniroye de moy. Si vueil que vous chaciez de vous toute malencolie et tristece, et soiez liez, jolis et

---

1. A' tou — 2. A' omet g. a nulluy — 3. A' retenir — 4. A' peus

joyeux, mais sur toutes riens je vous charge et enjoing
que secret soiez, et deffens de tel pouoir comme je y ay
que n'aiez la coustume commune que pluseurs ont de
l'age dont vous estes : c'est de ne savoir riens celer et
eulx vanter [1] mesmes de plus de bien avoir qu'ilz n'ont.
Si gardez qu'a ami ou compaingnon, tant vous soit
privé, ne vous descouvriez, fors de ce que pour vostre
secours neccessairement convendra que vostre plus amé
sache. Et s'ainsi le faittes et continuez, soiez certain
qu'Amours ne vous faudra mie de ses bien donner a
largece. Mon chier et bel ami, je pry a Dieu qu'il vous
doint tout ce que vouldriez souhaitier, car je tiens que
ce ne seroit fors tout bien. Escript en joyeuse pensée.

Vostre amée.


                Quant ceste lettre achevée
2360            Fut, ma dame s'est levée
                Et vers mon cousin retourne ;
                Si lui baille et dit que mourne
                Plus ne soye et le me die,
                Et que de ma maladie
2365            Garir bien se penera
                Et que jour assignera,
                Temps et heure, et en quel place
                Parler, ains que long temps passe,
                Porray a elle sanz faille,
2370            Et que la lettre me baille,
                Disant que se recommande
                A moy et qu'elle me mande
                Que plus je ne me soussie.
                Cil s'en part et la mercie,
2375            Et a son retour conté
                M'a la doulceur et bonté

---

1. A[1] venter —[2] 2375 Les mss. portent retourner

Qu'il ot trouvée en ma dame.
Et je, qui en feu et flamme
De grant desir l'attendoie,
2380    De joye les mains tendoye
Disant : « Dieu ! je te mercy
De ce qu'as de moy mercy. »
Les lettres me presenta,
Et moy qui ce present a-
2385    Voye chier a grant leesce
Le receus et sans paresce.
Si tost que eues les ay,
Cent foys, je croy, les baisay,
Les leus non seule une fie
2390    Mais plus de vint, vous affie,
Car saouler ne m'en pouoye
Quant telz nouvelles j'ouoye
Dont je yere reconforté.
Par quoy je me deporté
2395    Et souffris de demener
Dueil, ains voulz joye mener,
Puis qu'ainsi le commandoit
Ma doulce dame et mandoit.
Si fu m'esperance toute
2400    Recouvrée et plus n'oz doubte
De reffus, si com souloie,
Mais je dis que je vouloie
Faire a ses lettres response.
Si pris papier, plume et ponce,
2405    Et ancre, et m'alay retraire.
Lors en joye et sans contraire
Escrips en si faitte guise
Comme ycy je vous devise :

2377 *A*¹ trouvé — 2396 *A*¹ vous j. — 2404 *A*² Et p.

A LA FLEUR DES PLUS BELLES

Ma trés redoubtée maistresse,

Trés belle et bonné, et plus que ne savroie dire de
tout mon cuer trés amée, redoubtée et desirée dame,
par qui Amours par l'attrait de vos beaulz yeulz me
fist de franche voulenté devenir vostre vray subgiet,
ouquel doulz servage sanz repentir me plaist et vueil
user toute ma vie tant comme je puis et non tant comme
je doy, vous remercy de voz trés doulces et savoureuses
lettres, lesquelles a mon povre cuer desconforté et
presque a fin par desespoir de jamais a vostre amour
avenir ont rendu vigueur et force par le confort de
doulce esperance. Et, ma trés desirée et honnourée
dame, pour responde a aucuns poins que en ycelles
vous touchiez, c'est assavoir que ne savez l'entencion
de ma requeste, mais de la vostre voulez que je sache
que pour morir n'empireriez vostre honneur, je vous
fais certaine, trés doulce maistresse, et vous asseure que
mon vouloir n'est aultre chose fors seulement et entie-
rement le vostre ; car, se plus vouloie que vostre bon
plaisir, doncques ne vous tendroie mie pour maistresse
de mon cuer et moy vostre subgiet. Et ad ce que vous
dites que je garde que je ne soye tel que grant desir
me face promettre chose dont après soye trouvé men-
çongier, ma trés belle dame, je vous promet seurement
et sur ma foy jure leaument que toute ma vie tel me
trouverez, et, ou cas que non, vueil et m'oblige estre
banni de toute joye et tenu pour mauvais. Et quant a
celer et me garder de dire mes secrez a compaignon
ne a ami fors ce que celer ne pourray, doulce dame,
soiez certaine que de ce suis tout avisié, ne en ce n'en
aultre cas a mon pooir ne trouverez faulte, et vous

mercy du bon admonnestement que m'en faites, doulce
dame; et puis que vous asseure de toutes les condicions
qui me pourroyent empeschier, plaise vous enteriner
ce que me promettez en voz dittes lettres, c'est que de
vostre grace me reteniez pour seul ami, et, quant deso-
beïssant me trouverez en nul cas, je vueil estre banni
par grant deshonneur recevoir, et ja Dieu tant [1] ne me
laist vivre que maintenant ne aultreffois aye vouloir
d'estre faulz ne faint vers vous. Et quant au surplus
que dites que avez joye d'estre cause de mon avance-
ment, doulce dame, sachiez que jamais ad ce n'aven-
dray se par vous n'est, car vous seule me pouez faire et
deffaire. Doulce dame, si vous plaise me reconforter et
donner perfaitte joye par vostre doulce amour moy
ottroier, et rassasier vueilliez mon cuer et mes yeulz
affamez par leur donner espace de veoir vostre doulce
presence trés desirée. Et de ce me vueilliez envoyer les
trés joyeuses nouvelles que je desire. Doulce, plaisant,
sur toutes loée, a vous me recommande plus de fois
que diré ne sçaroye et pri a Dieu qu'il vous ottroit
bonne vie et vouloir de moy bien amer. Escript joyeu-
sement en esperance de mieulx avoir.

Vostre humble serf.


Ainsi mes lettres finay,
2410     Et aussi en la fin ay
Mis une balade briefve
A fin qu'au lire ne griefve.
Si en oiez la devise,
Car elle est d'extrange guise :

1. *A²* *place* tant *après* laist

*Balade*

2415 Plaisant et belle,
Ou se repose
Mon cuer, et celle
En qui enclose
Est toute et close
2420 Bonté et grace,
Prenez m'en grace.

Fresche nouvelle
Plus que la rose,
A la querelle
2425 Que j'ay desclose
Pitié forclose
Ne soit, ains passe ;
Prenez m'en grace.

Ha ! turterelle
2430 Doulce et reclose,
Vous seule appelle
A qui m'expose,
Et, se dire ose
Que vous amasse,
2435 Prenez m'en grace.

Sanz que s'oppose
Vo cuer a chose
Que desirasse,
Prenez m'en grace.

2440 Par mon cousin renvoyay
Mes lettres et en voye ay
Mis ainsi cil que j'amoye,
En lui priant que la moye
Dame voulsist bien prier

2445 Que tost et sans detrier
   Lui pleust qu'a elle parlasse,
   Ou ma pouvre vie lasse
   Convendroit tost definer.
   Et cil ala sans finer
2450 Tant que chieux elle arriva;
   La a lui nul n'estriva
   Ains y fut moult bien venu;
   Si s'est sagement tenu
   Tant qu'il voit temps et saison
2455 De raconter sa raison.
   Lors pour mon alegement
   Parla bien et sagement
   Lui priant, pour Dieu merci,
   Que moy qui muir d'amer si
2460 Languir plus souffrir ne vueille
   Que tel mal ne m'en accueille
   Que ja ne me puist remettre
   En bon point; et lors la lettre
   Lui bailla, si l'a leüe
2465 Et tout a loisir veüe.
   A brief parler, sa response
   Fu telle que la semonse
   Que de s'amour lui faisoie,
   Bien creoit que le disoie
2470 De bon cuer, et que faintise
   En si joenne cuer n'est mise
   Pas communement, sy pense
   Qu'est voir et que sanz doubtance
   Jalousie partira
2475 Dedens trois jours et yra
   Loins assez; Dongier, me semble,
   Yroit avec; lors ensemble
   Pourrions parler a loisir,
   Et, quant a l'eure choisir,
2480 Veult qu'au soir, sanz mener noise,

Avec mon cousin je voyse
Vestu com s'un varlet fusse,
Encor veult que l'en me muce
Quant la seray arrivé,
2485   Si que extrange ne privé,
Fors sans plus son secretaire,
Nel sache; et tout cel affaire
Par cellui mesmes sans doubte
Mandera la guise toute
2490   Comment vouldra que je y aille,
Mais qu'il me die et n'y faille,
Que si sagement me tiengne
Vers elle qu'il ne m'aviengne
Que face chosė qui toche
2495   Son desplaisir ou reproche.
Et cil bien l'en asseüre,
Disant qu'elle en soit seüre;
Car faire je n'oseroye
Fors son vueil, ainçois morroye.
2500   Si s'en vint o ces nouvelles
Qui si bonnes et si belles
Me furent que de grant joye
M'iere avis que je songoye;
Si y pensoie a toute heure,
2505   Mais longue m'iert la demeure.
Celle qui mon cuer lia
Au jour pas ne m'oublia
Qu'elle ot promis d'envoier
Vers moy; si dos festoier
2510   Le message trés notable
Qui la nouvelle agreable
M'aporta que desiroye :
Ce yert qu'a l'anuitier yroie
Vers celle ou mon cuer tendoit

2490 A¹ omet y devant aille — 2504 A² Sy p.

2515 Qui par cellui me mandoit
Coment vouloit que feïsse
Et qu'a nul ne le deïsse
Fors seulement a cellui
Qui le savoit, moy et lui
2520 Et le secretaire yrions,
Ne nul aultre n'y menrions.
Trés lors nous sommes partis
Et de noz gens departis
Sagement qu'ilz n'y pensassent,
2525 Et que bonne chiere facent,
Leur disons, car un affaire
Nous fault entre nous trois faire
Ou tout le jour nous tendrons
Et l'endemain revendrons.
2530 Chevauchames sans arreste
En menant joyeuse feste,
Droittement a l'eure ditte
Arrivames ou habite,
Tel fois est, ma dame chiere.
2535 Descendismes sanz lumiére,
Lors ma robe desvesti
Et une autre revesti.
Mon cousin, le bon et sage,
Monte en hault de plain visage,
2540 Et je les chevaulx garday,
D'estre congneu me garday ;
Escusacion en l'eure
Trouva que la a celle heure
Ere alé pour un pesant
2545 Afaire qui en present
Lui est survenu sanz faille,
Dont lui fault, comment qu'il aille,
Parler au seigneur en haste,
Car moult grant besoing le haste,
2550 Ce n'est pas chose endormie.

On lui dist qu'il n'y est mie
Ne des moys ne revendra.
Et cil dist qu'il convendra
Doncques qu'il y ait dommage.
2555   Et adonc a une cage
Qui regardoit sur la court
Ma trés doulce dame acourt
Et vint la tout a esture.
Si a dit : « Quele aventure
2560   Meine mon cousin? alez
Et tost le pont avalez.
Si savray ce qu'il demande ;
Je ne sçay se l'en me mande
Par lui hastives nouvelles. »
2565   Adonc par deux damoiselles
Mon cousin vers ellé mande.
Quant venu fu, lui demande
Après que l'ot salué :
« Y a il ame tué
2570   Ou quel cas si tart vous meine ?
Ne vous vis de la sepmaine.
Dites moi qu'alez querant ? »
Adonc cil dit « qu'enquerant
Plus ne lui voit de son estre
2575   Puis que le seigneur et maistre
N'a trouvé, dont il lui poise ;
Si convient qu'il s'en revoise. »
Celle dit « que non fera
Et tout ce que affaire a
2580   Sans faille lui fault savoir ».
Dont dist il : « Convient avoir
Mon varlet qui a la porte
Tient mes chevaulz qu'il m'aporte
Unes lettres qu'a garder

2584 *A*' Une

2585  Lui baillay et sans tarder
      Viengne, si fault qu'on lui die. »
      Adonc a chiere hardie
      Ma dame a son secretaire
      A comandé cel affaire,
2590  Et lui, trés entremetable,
      Les chevaulz en une estable
      Met et puis en hault me meine.
      Mon cousin, qui assez peine
      Prenoit, a l'uis de la chambre
2595  Vient et contre moy se cambre
      Disant : « Baille moy, tost baille
      Ces lettres. — Et qu'il s'en aille
      Tost, dist il au secretaire,
      Car n'a cy dedens que faire
2600  Ne il n'apertient qu'a ceste heure
      Varlet en chambre demeure. »
      Mon cousin tout ce disoit
      Pour ce que clarté luisoit
      En la chambre, dont congneu
2605  Peusse estre, et ce m'avroit neu.
      Unes grans lettres a prises
      Que j'avoye en mon sein mises,
      Et puis ma dame a part meine
      Et en lisant se demeine
2610  Com se grant cas e escript
      Eust en ces lettres escript.
      Et tandis le secretaire
      Sans clarté me fist retraire
      En la chambre d'une dame
2615  Sage, secrete et sans blasme,
      Si com ma dame l'avoit
      Commandé, et tout savoit,
      Et joingnoit la chambre a celle

2610 *Les mss. portent* Comme — *A²* e d' e.

De ma doulce dame belle.
2620    Quant la lettre fut leüe
Mon cousin a la veüe
De tous partir s'en vouloit
Et durement se douloit
Par semblant, mais qu'il s'en aille
2625    Lui deffent celle et sans faille
Dist au giste remaindra
Ou au seigneur s'en plaindra,
Et ainsi l'a retenu.
Long plait ne lui a tenu,
2630    Ainsi dist qu'il estoit saison
De couchier ne n'yert raison
Que homme en sa chambre veillast,
Que l'en ne s'en merveillast;
Et a fin que l'en n'eust goute
2635    De souspeçon ou de doubte
Pour quoy a celle heure estoit
La venu, on apprestoit
Son giste en une longtaine
Chambre ou couchier on le meine,
2640    Et si fu acompaigniez
Des gens les plus ressoingniez
De leans et qui la garde
Avoient d'elle, mais garde
N'avoit d'eulx quant pour celle heure.
2645    Lors couchée sans demeure
Devant ses femmes s'est nue;
Mais moult ne se y est tenue,
Ains s'est vestue et levée
Et achoison a trouvée
2650    Que un bien petit se douloit
Et pour ce du feu vouloit
Que on feist ou lieu ou j'estoie;

Si fus mis adonc hors voye
Tant que la femme de chambre
2655 Eust fait du feu en la chambre.
Si vint ma dame affublée
D'un grant mantel, assemblée
N'y ot de femmes nesune
Avec elle ne mais une,
2660 C'estoit la dame susditte
Qu'elle ot sur toute eslite
Et en son giron s'appoye,
La femme couchier renvoye,
Car dit que ne veult que veille
2665 A fin qu'elle ne s'en dueille.
Après elle l'uis on serre.
Lors la dame me vint querre
Et vers ma dame me meine;
Si la saluay a peine,
2670 Car tel mouvement sentoye
Que ne savoye ou j'estoie,
Touteffois dis : « Doulce dame,
Dieu vous sault et corps et ame.
— Amis, bien viengnez », dist celle.
2675 Lors me fist seoir coste elle,
Car si tost com je la vis
Je devins com homs ravis.
Ma dame bien l'aperceut
Qui en baisant me receut,
2680 Dont humblement merciée
Je l'ay et regraciée.
Lors ma dame redoubtée
De mon cuer crainte et doubtée
Comença ainsi a dire :
2685 « Ay je fait vos vueil, beau sire,
Qui ycy si faittement
Vous ay fait secretement
Venir? Est ce fait d'amie?

T. III                                        10

Or ne me decevez mie
2690  Et me dites, se savez,
Tandis que loisir avez,
Vo penser entierement,
Je vous en pry chierement. »
Lors tout de joye esbaÿ
2695  En souspirant dis : « Haÿ!
Doulce dame, et que diroye
Par ma foy, je ne savroye
Parler! si le recevez
En gré et apercevez
2700  Comment suis de corps et d'ame
Tout vostre, trés chiere dame,
Plus ne vous savroie dire. »
Et adonc celle se tire
Plus près et d'un bras m'acole,
2705  En riant dist tel parolle :
« Dont pour nous deux me convient
Parler quant ne vous souvient
De riens dire, et toutevoye
Je croy bien qu'Amours m'envoye
2710  De ses mets si bonne part
Que je croy que tout ne part
De ce que je vous cuidoye
Parler ne que dire doye,
N'en savroie un seul mot dire. »
2715  Adonc s'en prist a soubsrire
L'autre dame qui fu la,
Si dist nel dissimula :
« Sage compaignie a cy,
Vous voy je en ce point ja si,
2720  Bien voy qu'Amours le plus sage
Fait foloyer, ce bien scay je. »
Ma dame me dist : « Amis,

---

2692 A¹ Vou p. — 2705 *Les mss. ajoutent* la dame *après* dist

Puis qu'Amours ainsi a mis
Noz deux cuers en une serre,
2725 Il ne convient plus enquerre
Se m'amez et se vous aime,
Je croy bien qu'Amours nous claime
Ou puet clamer ambedeux
Ses servans, dont ne me deulx;
2730 Mès, doulz amis, toutefie,
Pour tant s'en vous je me fie,
Si vous vueil je descouvrir
Tout mon vueil sans riens couvrir,
Ne sçay quele entencion
2735 Avez, mais je mencion
Vous fois que ja ne croiez,
Quelque amour que vous voiez
En moy, ne pour priveté,
Doulceur ou joliveté,
2740 Parole ou semblant que face,
Quoy que vous baise ou embrace,
Que jamais jour de ma vie
J'aye voulenté n'envie
De faire chose villaine
2745 Et dont je ne soye saine
De reproche en toute guise;
Doulz ami, si t'en avise,
Car je ne vouldroie mie
Que tu deisses qu'a demie
2750 Je me fusse a toy donnée,
Car jamais jour sermonnée
Tant ne seray que je face
Chose dont m'onneur defface;
Et si te jure de vray
2755 Qu'aussi tost qu'apercevray,
En semblant n'en contenance,
Que tu eusses retenance
D'autre vouloir, je t'affie

Que une toute seule fie
2760 Jamais puis ne me verras.
Je ne sçay se m'en herras,
Mais de tout autre plaisir
Dont dame amant puet saisir
Riens ne te quier reffuser,
2765 A ton vueil en puez user
Et entierement te donne
Mon cuer et tout abandonne
Quanque j'ay, sans que je face
Folie ne me mefface,
2770 Et te promet loyaulté
Et amer en feaulté,
Et sur tous te vueil eslire
S'il te puet ainsi souffire;
Car la verité t'en dis.
2775 Si me dis ton vueil, tandis
Que as loisir et saison,
Car ouïr vueil ta raison. »
Quant celle que je redoubte
Ot sa raison dite toute
2780 Je respondis : « Ha ! ma dame,
A pou que mon cuer ne pasme
De vous ouïr ainsi dire !
Ne me doit il bien souffire
L'amour, le bien et la grace
2785 Que m'ottroiez, je cuidasse
Que jamais ne pensessiez
Que tout quanque voulsissiez
Ne voulsisse entierement.
Or me croiez seurement,
2790 Ainsi com le vous rescrips
Pour respondre a voz escrips,
Que je vous promet et jure,

2791 A¹ a vous e.

Et vueil, si ne m'en parjure!
N'estre jamais honnouré,
2795     Mais du tout deshonnouré,
Se jamais jour de mon age
En fait, en dit n'en courage
Fais ne pense chose aucune,
N'en secret ne en commune
2800     A mon pouoir, dont aiez
Desplaisir, et m'essaiez
Tout ainsi qu'il vous plaira,
Car ja ne me desplaira
Chose que vostre cuer vueille,
2805     Ne n'avendra que me dueille
De riens qui soit vo vouloir,
M'en doy je doncques douloir,
N'estes vous pas ma maistrece?
N'est ce drois que je me drece
2810     Selon vostre volenté?
Quant seray entalenté
De faire autrement, la vie
Et l'ame du corps ravie
Me soit et mise a martire!
2815     Dieux! ne me doit il souffire
Puis que je voy que m'amez
Et doulz ami me clamez!
N'ay je ce que desiroie,
A autre riens ne tiroie,
2820     Je me tiens pour bien paiez;
Mais que toudis vous aiez
Voulenté d'ainsi m'amer
Mais ne faulseté n'amer
Sçay je bien qu'en vo courage
2825     N'a nesune, et encor ay je
Opinion que feray

2793 *A²* se je m'en — 2804 *A¹* vueil — 2806 *A¹* s. vou v.

Tant par servir que seray
De vous plus amé encore.
Si me commandez trés ore,
2830 Car je suis vostre homme lige
Et cuer, corps et ame oblige
A vous, belle ; or commandez
Vo plaisir, ou me mandez
Ou vous plaira, je yray
2835 Et en tout obeïray
Sans desdire a vostre guise.
Si pouez a vo devise
Faire de moy plus que dire
Ne sçaroye, et Dieu vous mire
2840 Et rende trés haultement
Ce qu'ainsi perfaittement
Me promettez a amer.
Je ne me doy pas blasmer
D'amours qui me mist en voie
2845 D'attaindre a si haulte joye.
Si vous mercy, belle et bonne,
Humblement, car la couronne
Des amoureux porteray
D'or en avant, s'osteray
2850 De moy toute laide tache
Et a honneur prendray tasche
Que je vouldray poursuivir
Pour les vaillans ensuivir.
Ainsi me ferez preudomme.
2855 Doulce dame, en toute somme,
Estre plus liez ne pourroie
Tant que dire nel saroie. »
Lors ma dame, ou toute grace
Maint, trés doulcement m'embrace
2860 Et plus de cent fois me baise.

2828 *A*¹ aimé — 2831 *A*² Cuer et c.

Si demouray en cel ayse
Toute la nuyt, et croiez
Vous, amans qui ce oyez,
Qu'a mon aise bien estoie :
2865 Mains doulz moz remplis de joye
Furent la nuyt racontez,
Et celle, ou toutes bontez
Sont, m'enseigna voye et place
Comment, a qui qu'en desplace,
2870 La verroye assez souvent :
Si n'aloye plus rovant,
Car tout mon vouloir avoie.
Bien me chargia toutevoie
Que bien son honneur gardasse,
2875 Et que avant me retardasse
D'elle veoir aucuns jours,
Quoy qu'anuyast li sejours,
Qu'en peril je la meïsse
Mais que sagement veïsse
2880 Temps et heure de venir
Ainçois, et de revenir
Elle m'assenna journée.
Celle vie avons menée,
Mais pou me dura la nuit ;
2885 Quant le jour vint qui m'anuit,
En embraçant et baisant
Cent mille fois et faisant
Doulce et amoureuse chiere
Me dist : « A Dieu m'amour chiere »,
2890 Et en son lit s'en rala
Et tout seul m'enserra la.
Après en l'abit d'un page
Me mist hors cil qui fu sage,
Ce yert le secretaire apris,

2874 *A*¹ s. honner

2895 Et, tout ne l'eusse je apris,
   Repris mon premier office,
   Mais pour si fait benefice
   Il fait bon garder a porte
   Chevaulx a qui en emporte
2900 Si doulz et plaisant loyer,
   Et quant a moy employer
   Ne me vouldroie, sans faille,
   A autre office, et me baille
   Souvent ce plaisant mestier.
2905 Si voiez comment mestier
   Est aucune fois au maistre
   Qu'il soit varlet, et puet estre
   Que souvent ainsi advient
   A qui a s'entente avient.
2910 Mon cousin matin leva,
   Ne noise n'en esleva,
   Et ne voult que on esveillast
   Personne qui sommeillast,
   A ma dame ot pris congié
2915 Trés le soir, plus n'a songié ;
   Hors s'en yst : je l'attendoie
   Et ses chevaulx pourmenoye
   Comme bon varlet et sage,
   Si dist : « Rameine, que rage
2920 Te puisse prendre, garçon,
   Com tu penches sus l'arçon. »
   Ainsi dist devant les gens,
   Car chevaliers et sergens
   Jusques chieux lui le vouloient
2925 Convoyer et le blasmoient
   Dont de ses gens plus n'avoit
   Avec soy, mais il l'avoit
   Fait tout de gré pour certaine
   Cause, ce leur acertaine ;
2930 Si y cuidoit le seigneur

Trouver, car besoing greigneur
N'en ot oncques en sa vie
Ne d'y parler graindre envie.
Si ne veult que on le convoye.
2935    Et adonc se mist en voye.
Et ainsi nous nous partismes
Et en chevauchant deïsmes
Maint doulz mot et gracieux,
Car si trés solacieux
2940    M'estoit le doulz souvenir
Qu'avoye de revenir
Et de la doulce plaisance
Dont eue avoye l'aisance,
Qu'il n'est homs qui joye avoir
2945    Peust greigneur pour nul avoir.
Ainsï sommes approchiez
Tant avons chevaulz brochiez ;
Mais j'oz ma robe reprise.
Lors ma gent qui m'aime et prise,
2950    Si tost que nous aperceurent,
A grant joye nous receurent,
Et aussi joyeux estions
Et de grant joye chantions
Par gracïeux renouvel
2955    Ce virelay tout nouvel :

## Virelay

Belle ou est toute ma joye,
Pour vostre amour se resjoye
Mon cuer, dont a chiere lie
Je chante : Dame jolye
2960    Pour qui tout vif j'enragoye ;

Mais vous m'avez envoyé

Doulx secours qui conforté
M'a, dont je suis convoyé
A joye et bien enorté.

2965    Si est drois que faire doye
Gaye chiere, car perdoye
Soulas par melancolie,
Mais tout mon mal amolie
Vo secours que j'attendoie,
2970    Belle ou est toute ma joye.

Puis que m'avez ottroyé
Vo doulz cuer, je suis porté
Hors d'anuy et ravoyé
A joye et reconforté.

2975    Ha! ma dame, Amours m'envoye
Doulz secours quant par tel voye
Suis ressours, chiere palie
Plus n'aray quant il m'alie
A espoir que vous revoie,
2980    Belle ou est toute ma joye.

Or vous ay je raconté
Comment fus d'Amours dontté
Et surpris premierement,
Et puis comment durement
2985    Fus par grant desir mené,
Et comment tant s'est pené
Mon chier parent et a fin
Que de mon mal fus afin
Par ma dame qui mercy
2990    Ot de moy, siene mercy.
Si diray comment puis l'ore
M'en ala et va encore.

Trés lors je fus resjouÿ
Ainsi comme avez ouÿ
2995     Et en la joye qu'avoye
Ceste balade disoye :


*Balade*


Il n'est de moy plus eureux en ce monde,
Car joye n'est autre per a la moye
Quant celle qui n'a pareille ou seconde
3000     M'a a mercy pris, et se je l'amoye
Jusqu'au morir ; certes bien m'est la moye
Peine et doleur granment guerdonnée.
Or m'a gari celle que reclamoye,
Puis qu'elle m'a sa doulce amour donnée.

3005     Ha ! belle, en qui toute valeur habonde,
Vous ne voulez plus que pour vous larmoye
Ainçois vous plaist qu'a tous amans responde :
« Je suis cellui qui des biens affamoie
Qu'Amours depart, dont dolent me clamoye,
3010     Mais la belle de bonté couronnée
M'a respité : Amours a tort blasmoye
Puis qu'elle m'a sa doulce amour donnée. »

Or est en jeux et ris retourné l'onde
Du trés grief plour qu'en desespoir semoye,
3015     Dont gay, jolis et de pensée monde
Plus qu'oncques mais seray, Amours en voye
M'en a mis et ma dame qui m'envoye
Tant de plaisirs que joye abandonnée

---

2998 *A²* C. leece autre n'est per a ma joye — 3002 *Les mss.*
*portent* grandement — 3003 *A²* De par celle que humblement
reclamoye

M'est de tous lez, et a tous biens m'avoie
3020 Puis qu'elle m'a sa doulce amour donnée.

Princes d'amours, plaindre ne me devoye
Pour peine avoir quant joye redonnée
M'a celle qui mon cuer du tout ravoye
Puis qu'elle m'a sa doulce amour donnée.


3025 Si me tins cointe et abille,
Robes, chevaux, plus de mille
Choses belles voulz avoir
Et mis grant peine a savoir
Toutes choses qui bien siéent
3030 Aux bons ; celles qui messiéent
A mon pouoir eschivoye ;
Et toudis l'entente avoye
A croistre ma renommée
A fin que ma dame amée
3035 Se tenist d'omme vaillant.
Si n'espargnoie vaillant
Que j'eusse, pour en largece
Emploier, et de richece
Sembloit que ne tinse conte.
3040 Et pour abrigier mon conte
Vous dy pour vray que autre entente
N'avoye fors a la sente
Suivre des vrays amoreux,
Et des doulz biens savoreux
3045 Qu'Amours et dames departent
Aux loyaulx qui d'eulx ne partent,
Dieux mercis ! souvent avoye,
Car le chemin bien savoye,
Quoy qu'il y convenist peine

3030 *A*¹ messient — 3037 *A*² en noblece

3050 Auques chascune sepmaine,
     La ou ma doulce deesse
     Reveoye a grant leesce,
     Sans que arme le sceüst
     Ne que on s'en aperceüst
3055 Fors ceulx a qui l'en s'en fie.
     Et a la premiere fie
     Que je retournay vers elle
     Ceste balade nouvelle,
     Qui moult lui plot, lui portay
3060 Et une aultre en raportay :


### Balade


     Comandez moy, ma dame redoubtée,
     Vo bon plaisir, prest suis a le parfaire,
     Com de vo serf ; dont amée et doubtée
     Estes, pouez de moy vo vouloir faire,
3065      A bon droit est ce,
     Je y suis tenus, car par vous j'ay leesce
     Plus qu'oncques n'ot, certes, nul amoreux,
     Car voz biens sont plus qu'autres savoreux.

     Puis que m'avez toute doleur ostée
3070 Et donné ce qui m'estoit neccessaire
     N'est ce raison que vous soiez rentée
     D'un cuer d'amant qui vous desire a plaire?
          Ha ! quel maistresse
     Qui son servant guerdonne de largece
3075 Des dons d'amours ! tous autres lais pour eulx,
     Car voz biens sont plus qu'autres savoreux.

     De bonne heure pour moy amours boutée
     Fu en mon cuer quant reçoy tel salaire
     Pour bien servir, si n'en sera ostée

3080    Tant quant vivray. Ha! doulce, debonnaire
            Conforterresse,
        De ma vigour, dame de grant haultece,
        Aultre bien m'est fors cestui doloreux,
        Car voz biens sont plus qu'autres savoreux.


3085        Doulce princece,
        J'ay tout plaisir, vous en estes l'adrece,
        Plus ne desir, plus ne suis langoreux,
        Car voz biens sont plus qu'autres savoreux.


            Avant que je me partisse
3090    De la trés doulce faitisse,
        De ma balade oz response
        Qui me donna plus d'une once
        De joye trés amoreuse,
        Car la belle savoreuse
3095    En la lisant me lia
        Ses braz au col; il y a :


                *Balade*


        Benoite soit la journée,
          Le lieu, la place et demeure,
        Doulz amis, qu'ad ce menée
3100    Fus, trop y os fait demeure
            Que vous donnay
        Toute m'amour, amis, meilleur don n'ay,
        J'en lo Amours qui la commence a faite,
        Car j'en reçoy joye toute parfaitte.


3105    Et quant je me suis donnée
        A cil qui pour moy labeure


        3080 *A² T.* quom

  En honneur bien assennée
   Seray, ce fu de bonne heure,
    Dont raison ay
3110 De lui amer, et se l'araisonnay
  Pour lui garir ne me suis pas deffaitte,
  Car j'en reçoy joye toute parfaitte.

   Si entray en bonne année,
    Amis, se Dieux me secueure,
3115   Car par plaisant destinée
   Tout soulas en assaveure,
    Dont guerdonnay
  De bonne heure le mal que j'entonnay
  Pieça en vous puis que j'en suis refaitte,
3120 Car j'en reçoy joye toute parfaitte.

    Quant m'adonnay
  A vous amer, mon cuer abandonnay
  A tous deliz sans point m'estre meffaitte,
  Car j'en reçoy joye toute parfaitte.


3125   Joye ainsi me fu donnée,
   Com vous oez, et mennée
   Fu par moy leesce et feste.
   Mais Fortune, qui est preste,
   Quant elle puet, de destruire
3130   Les amans, me cuida nuire
   Tost après assez griefment,
   Si com vous diray briefment :
   Il avint, moult ne tarda,
   Que la dame, qui garda
3135   Nostre fait et qui savoit
   Noz amours, affaire avoit
   En son païs ou dommage
   Eust eu de son heritage

Se elle n'y fust tost alée,
3140    Par quoy triste et adoulée
S'en est de la Court partie.
De quoy j'oz, de ma partie,
Grant tristour ; car bien savoie
Qu'il n'y avoit tour ne voye
3145    Sans elle que ma maistresse
Veisse ; dont j'oz grant destrece,
Car certes sans la veoir
Ne me peüst riens seoir.
Ma dame bien le savoit,
3150    Si croy qu'elle n'en avoit
Mie moins de sa partie.
Si s'est alors avertie
D'une dame qui servie
L'ot aucques toute sa vie,
3155    Qui sage estoit et discrete,
Bonne, loyal et secrete,
Mais a Court ne demouroit
Plus lors ; se elle la pourroit
Ravoir se voult essaier ;
3160    Si escript sans deslaier
Ces lettres ycy a celle,
Et rot la response d'elle :


*A ma trés chiere et bonne amie la dame de la Tour,*

*La Duchece*


Trés chiere et bonne amie, de mon estat vueilles [1]
savoir que je suis en santé, Dieu mercy qui ainsi le
vous ottroit ; et escrips par devers vous pour le desir
que j'ay de vous veoir et parler a vous, car je n'ay pas

1. A' vuelles

oublié le bien et bon service que m'avez toujours fait,
par quoy je me tiens tant tenue a vous que desservir
ne le pourroie. Et soiez certaine que vous avez une
amie en moy, et le poez essaier quant vous plaira.
Chiere mere et amie, vous savez assez l'estat comment
je suis gouvernée et tenue en grant subgecion et crainte
et rudement menée, et que j'ay assez dure partie qui
pou me fait de plaisir, et je n'ay ame a qui m'en com-
plaindre et dire de mes secretes pensées, lesqueles ne
gehiroie a ame qu'a¹ vous a qui riens ne celeroye ne
qu'a mon confesseur : car je vous sçay si seure que je
m'y pourroye fier. Si pouez savoir que c'est moult
grant destrece a joenne cuer de tousjours vivre a des-
plaisance et sans aucune joyeuseté. Si vouldroye que
fussiez près de moy, je vous diroye de bien gracieuses
choses, lesquelles je ne vous escrips mie et pour cause.
Si aroye bien affaire de vostre aide et bon conseil, par
quoy je vous pry sur toute l'amour que avez a moy
que, tantost ces lettres veues, le plus hastivement que
vous pourrez, que vous ordeniez de voz besoignes en
tel maniere que soiez preste dedens huit jours après
pour venir vers moy, et je vous envoyeray querir si
honnorablement qu'il devra souffire. Et de vostre
mainage laissier ne vous doulez aucunement, car je
vous promet ma foy le guerdonner si grandement qu'a
tousjours en sera de mieulz a vous et aux vostres. Si
vous pry qu'en ce n'ait faute, et me mandez par le
porteur de ces presentes vostre bonne response. Saluez
moy vostre belle fille. Chiere et bonne amie, le Saint
Esperit vous ait en sa saintte garde. Escript en mon
chastel le viiie jour de janvier.

> Ma dame un message en voye
> Met, et ces lettres envoye

1. A² que

3165 A la dame que clamoit
Moult s'amie et trés l'amoit.
Response lui renvoya
Tele qu'il m'en anoya,
Car contre moy trop estoit,
Et ainsi l'amonnestoit :

Ma trés redoubtée dame, trés humble recommenda-
cion devant mise, plaise vous savoir que j'ay receu
voz trés doulces et amiables [1] lettres, desquelles de
tout mon povre cuer je vous mercie, dont tant d'on-
neur me faites comme d'avoir souvenance du povre
service que vous ay fait le temps passé, non mie si [2]
souffisamment comme a vostre digne et noble per-
sonne apertendroit et comme je suis tenue plus que
desservir toute ma vie ne pourroie. Ma trés chiere
dame, quant est d'aler a present devers vous vueillez [3]
moy tenir pour excusée, je vous en suppli trés hum-
blement ; car, par ma foy, ma fille est trés griefment
malade que je ne la pourroie laissier nullement, et
Dieux scet comment a cause de sa ditte maladie suis
troublée. Ma trés redoubtée dame, pour ce qu'a vous
ne puis parler si tost comme je voulsisse, et je suis
tenue de vous amonnester vostre bien comme a celle
qui a esté en ma gouvernance depuis enfance aucques
jusques a ore, tout n'en fusse je mie digne, me semble
que je mesprendoie a moy taire de ce que je sçaroye
qui vous peust tourner a aucun grief se ne le vous
segnefioye. Et pour ce, chiere dame, je vous escrips en
ces presentes ce qui s'ensuit, de laquele chose trés
humblement vous supplie que mauvais gré ne m'en
vueilliez savoir aucunement, car vous pouez estre cer-
taine que trés grant amour et desir de l'acroissement
de mieulx en mieulx de vostre noble renommée et

---

1. A² amoureuses — 2. A² supprime si — 3. A¹ vuellez

honneur me meut ad ce faire. Ma dame, j'ay entendu
aucunes nouvelles de vostre gouvernement telles que
j'en suis dolente de tout mon cuer pour la paour que
j'ay du decheement de vostre bon loz, et sont telles,
comme il me semble, que, comme il soit de droit et rai-
son que toute princesse et haulte dame, tout ainsi
comme elle est hault eslevée en honneur et estat sur les
autres que elle doye estre en bonté, sagece [1], meurs,
condicions et manieres, excellente sur toutes a fin que
elle soit l'exemplaire par lequel les autres dames, et
mesmement toutes femmes, se doyent riuler en tout
maintien. Et comme il apertiengne que elle soit devote
vers Dieu et que elle ait contenance asseurée, coye et
rassise et en ses esbatemens attrempée et sans effroy, rie
bas et non sans cause, ait haulte maniere, humble
chiere et grant port, soit a tous de doulce response et
amiable parole, son abit et son atour riche et non trop
cointe, a estrangiers d'acuel seigneuri, parlant a don-
gier non trop acointable, de regard tardive et non
volage, a nulle heure n'appere male, felle ne despite ne
a servir trop dongereuse, a ses femmes et serviteurs
humaine et amiable, non trop hautaine, en dons large
par raison ordennée, sache congnoistre de toutes gens
lesquelz sont plus dignes en bonté et preudommie et
de ses servans les meilleurs et ceulz et celles tire vers
soy et leur guerdonne selon leurs merites, ne croye
n'ajouste foy a flateurs n'a flateuses ains les congnoisce
et chace de soy, ne croye de legier paroles raportées,
n'ait coustume de souvent conseillier a estrange ne
privé, en lieu secret ne a part, mesmement a nul de ses
gens ou de ses femmes, si que on ne puist jugier que
plus sache de son secret l'une que l'autre, et ne die
devant gens a personne quelconques en riant aucuns
moz couvers que chascun n'entende a fin que les oyans

---

1. *A² ajoute* et *avant* sagece

ne supposent aucun nyce secret entre eulx, trop enclose
en chambre et trop solitaire ne se doit tenir ne aussi
trop commune a la veue des gens, mais a certaine
heure se retraye, et aultre fois plus communale. Et
comme ces dittes condicions et toutes autres manieres
convenables a haulte princece fussent en vous le temps
passé, estes a present toute changée si comme on dit :
car vous estes devenue trop plus esgayée, plus emparléc
et plus jolie que ne soliez estre, et c'est ce qui fait
communement jugier les cuers changiez quant les con-
tenances se changent, car vous voulez estre seule et
retraitte de gens fors d'une ou de deux de voz femmes
et aucun de voz serviteurs a qui vous conseilliez et riés
mesmes devant gens et dites paroles couvertes comme
se vous vous entendissiez bien, et ne vous plaist fors la
compagnie de ceulz ne les autres ne vous peuent servir
a gré, lesquelles choses et contenances sont cause de
mouvoir a envie voz autres servans et de jugier que
vostre cuer soit enamourez ou que ce soit. Ha ! ma trés
doulce dame, pour Dieu mercy, prenez garde qui vous
estes et la haultece ou Dieu vous a eslevée ne ne vueil-
liez vostre ame et vostre honneur pour aucune fole plai-
sançe mettre en oubli, et ne vous fiez es vaines pensées
que pluseurs joennes femmes ont qui se donnent a
croire que ce n'est point de mal d'amer par amours,
mais qu'il n'y ait villennie (car je me rens certaine que
autrement ne le vouldriez penser pour mourir), et que
on en vit plus liement et que de ce faire on fait un
homme devenir vaillant [1] et renommé a tousjours mais.
Ha ! ma chiere dame, il va tout autrement, et, pour
Dieu ! ne vous y decevez ne laissiez decevoir, et prenez
exemple a de teles grans maistresses, avez vous veu en
vostre temps, qui, pour seulement estre souspeçonnées
de tele amour, sanz ce [2] que la verité en fust oncques

---

1. A¹ vallant — 2. A¹ omet ce

attainte, en perdoient l'onneur et la viè, de teles y ot; et
si tiens sur mon ame que pechié ne coulpe villaine n'y
avoient; et leurs enfans en avez veu reprochiez et
moins prisiez. Et combien qu'a toute femme, soit
povre ou riche, telle fole amour soit deshonnourable,
encore trop plus est messeant et prejudiciable en prin-
cece et en haulte dame de plus en plus de tant comme
elle est plus grande, et la raison y est bonne, car le
nom d'une princece est porté par tout le monde,
par quoy, s'il a en son renom aucune tache, plus est
sceu par les estranges contrées que des simples femmes,
et aussi pour cause de leurs enfans qui doivent sein-
gneurir les terres et estre princes des aultres gens. Si
est grant meschief quant il y a aucune soupeçon qu'ilz
ne soient drois hoirs et maint meschief en puet venir;
car poson qu'il n'y ait meffait de corps, si ne le croient
mie ceulz qui seulement orront dire : tele dame est
amoureuse; et pour un petit de nyce semblant, par
aventure fait par joennesce et sans malice, les mau-
vaises lángues jugeront et y adjousteront de choses
qui oncques ne furent faittes ne pensées [1], et ainsi va
tel language de bouche en bouche qui mie n'est ape-
tissiez, ains [2] tousjours acreu. Et aussi est neccessaire
a une chascune grant maistresse avoir plus grant
regard en toutes ses manieres, contenances et paroles
qu'a autres femmes; la cause si est, car, quant on
vient en la presence d'une haulte dame, toute personne
adresce son regard a elle et ses oreilles a ouïr ce que
elle dira et son entendement a noter tout son fait.
Si ne puet la dame ouvrir l'ueil, dire parole, rire ou
faire semblant aucun que tout ne soit recueilli, avisé
et retenu de pluseurs personnes et puis raporté en
maintes places. Et que cuidez vous, ma trés chiere
dame, que ce soit trés mauvaise contenance a une

1. *A*[1] pensées ne faittes — 2. *A*[2] mais

grant maistrece, voire a toute femme, quant plus
que elle ne seult devient esgayée, jolie et plus veult
ouïr parler d'amours; et puis, quant son cuer se
change par aucun cas, tout a cop devient rechignée,
malgracieuse, tenserresse, et ne la puet on servir a gré
et ne lui chaut de son abit ne atour. Certes, adonc dient
les gens que elle soloit estre amoreuse, or ne l'est plus.
Ma dame, si n'est mie maniere que dame doye avoir;
car elle doit prendre garde, encore quelque pensée que
elle ait, que tousjours soit d'un maintien et contenance
a celle fin que telz jugemens ne puissent estre fais
sur elle, mais puet bien estre que fort seroit en la
vie amoreuse garder tel mesure, et pour ce le plus seur
est du tout l'eschiver et fouïr. Si pouez savoir, chiere
dame, que toute grant maistresse et semblablement
toute femme doit trop plus estre convoiteuse d'acquerir
bon renom que quelconque autre tresor, car il la fait
reluire en honneur et demeure a tousjours a elle et ses
enfans. Redoubtée dame, ainsi comme cy devant ay tou-
chié, je suppose bien et pense les raisons qui peuent
mouvoir une joenne dame a soy encliner a si faitte
amour, c'est que joennesce, aise et oyseuse lui fait pen-
ser: « Tu es joenne, il ne te faut fors que plaisance, tu
pues bien amer sans villennie, ce n'est point de mal
quant il n'y a pechié, tu feras un vaillant homme, on
n'en sçara riens, tu en vivras plus joyeusement et aras
acquis un vray serviteur et loyal ami, et ainsi toutes
tes choses. » Ha! ma dame, pour Dieu soiez avisiée que
telles folles opinions ne vous deçoivent! car, quant a
la plaisance, soiez certaine qu'en amours a cent mille
fois plus de dueil, de cuisançons et dongiers perilleux,
par especial du cousté des dames, qu'il n'y a de plai-
sance. Car, avecques ce que Amours livre de soy mainte
diverse amertume, la paour de perdre honneur et qu'il
soit sceu leur demeure ou cuer continuelment qui chier
acheter leur fait tel plaisance. Et quant a dire : ce ne

seroit [1] mie mal puis que fait de pechié n'y sera, hé
las! ma dame, ne soit nul ne nulle si asseurée de soy
qu'elle se rende certaine, quelque bon propos qu'elle ait,
de garder toujours mesure en si faitte amour, et qu'il
ne soit sceu comme j'ay cy devant dit; certes, c'est
chose impossible, car feu n'est point sans fumée mais
fumée est souvent sans feu. Et a dire : je feray un
homme vaillant, certes je dis que c'est trop grant folie
de soy destruire pour acroistre un autre, poson que
vaillant en deust devenir, et celle bien se destruit qui
pour reffaire un aultre se deshonnoure. Et quant a
dire : j'aray acquis un vray ami et serviteur, Dieux! et
de quoy pourroit servir si fait ami ou serviteur [2] a la
dame? car se elle avoit aucun affaire il ne s'oseroit por-
ter en nul cas pour elle pour paour de sa deshonneur;
doncques de quoy lui pourra servir si fait serviteur
qui ne s'osera emploier pour le bien d'elle? Et mès ilz
sont aucuns qui dient qu'ilz servent leurs dames quant
ilz font beaucoup [3] de choses soit en armes ou autres
fais, mais je di que ilz servent eulx mesmes quant l'on-
neur et le preu leur en demeure et non mie a la dame.
Encore, ma dame, se vous ou aultre vous voulez excu-
ser en disant : je ay diverse partie qui pou de loyalté
et de plaisir me fait, pour ce puis sans mesprendre
avoir plaisir en aucun autre pour oublier melancolie et
passer le temps; mais certes telle excusacion, sauve
vostre bonne reverence et de toutes autres qui ce dient,
ne vault riens, car trop fait grant folie cil qui met le
feu en sa maison pour ardoir celle de son voisin, mais
se celle qui a tel mary le porte paciemment et sans soy
empirier tant accroist [4] plus le merite de son ame et son
honneur en bon los. Et quant a avoir plaisance, certes
une grant maistresse, voire toute femme, se elle veult,

---

1. A² sera — 2. A¹ *supprime* ou serviteur — 3. A² beaucop —
4. A³ croistra

puet assez trouver de loisibles et bonnes plaisances a
quoy s'entendre et passer le temps sans melancolie
sans telle amour. Celles qui ont enfants, quelle plus
gracieuse plaisance puet on demander et plus delictable
que de souvent les veoir et prendre garde que bien
soient nourriz et dotrinés [1], si comme il appertient a
leur hautece ou estat, et les filles ordenner en telle
maniere qu'en enfance prengnent rigle de bien et deue-
ment vivre par exemple de bonne compagnie. Hé las !
et, se la mere n'estoit toute sage, quel exemple seroit ce
aux filles ? Et a celles qui enfans n'ont, certes ce n'est
se honneur non a toute haulte dame, après ce que elle
a dit son service [2], de soy prendre a faire aucun ouvrage
pour eschiver oyseuse, ou faire faire fins linges estran-
gement ouvrez, ou draps de soye, ou autres choses de
quoy elle puet user justement, et telles occupacions
sont bonnes et destourbent a penser choses vaines. Et
ne dis mie que une joenne grant maistresse ne se puisse
bien esbatre, rire et jouer convenablement en temps et
lieu, mesmement ou il ait seigneurs et gentilz hommes,
et qu'elle ne doye honnourer les estrangiers, selon qu'a
sa haultece appartient, chascun selon son degré, mais
ce doit estre fait si rassisement et de si bel maintien
qu'il n'y ait pas un tout seul regart, un ris, non une
parole qui tout ne soit a mesure et par raison, et tous-
jours doit estre sus sa garde que on ne puist apperce-
voir en parole, en regart ou en [3] contenence, en elle
chose desconvenable ne mal seant. Ha Dieux ! se toute
grant maistresse, voire toute femme, savoit bien com-
ment ce bel maintien lui est avenant, plus le mettroit
peine a avoir que quelconques autre parement, car il
n'est jouel precieux qui tant la peust reparer. Et
encore, ma trés chiere dame, reste a parler des perilz
et dongiers qui sont en tel amour, lesquelz sont sans

---

1. A[2] endotrinés — 2. A[2] servisse — 3. A[2] *supprime* en

nombre : le premier et grengneur c'est que l'en cour-
rouce Dieu, après que, se le mary s'en aperçoit ou les
parens, la femme est morte ou cheoite en reproche, ne
jamais puis n'a bien. Encore, supposé que ce n'avien-
gne, disons du cousté des amans, encore que tous fus-
sent loyaulx, secrez, voirs disans, ce qu'ilz ne sont
mie [1], ains scet on assez que communement sont fains
et pour les dames decepvoir dient ce qu'ilz ne pensent [2]
ne vouldroient faire, toute fois est chose vraye que
l'ardeur de telle amour ne dure mie longuement,
meismes aux plus loyaulx et c'est chose certaine. Ha !
chiere dame, comment cuidiez vous, quant il avient
qu'icelle amour est deffaillie et que la dame qui ara esté
aveuglée par l'envelopement de fole plaisance se [3] repente
durement quant elle s'avertist et pourpense les folies et
divers perilz ou maintes fois s'est trouvée, et combien
elle vouldroit, qu'il lui eust cousté, que oncques ne lui
fust avenu et que tel reprouche d'elle ne peust estre
dit, certes vous ne porriez penser la grant repentence
et desplaisant pensée qui ou cuer lui en demeure. Et
oultre cela, vous et toutes dames, pouez veoir quelle
folie c'est de mettre son corps et son honneur ou don-
gier des langues et es mains de telz servans, puis que
serviteurs s'appellent, mais la fin du servisé est com-
munement telle que, quoyqu'ilz vous aient promis et
juré de [4] tenir secret, ilz ne s'en taisent mie et en la fin
de telle amour souventes fois le blasme et parler des
gens aux dames en demeure, ou a tout le moins la
craintte et paour en leurs cuers que ceulx mesmes en
qui se sont fiées le dient et s'en vantent ou aucun aultre
qui le tour [5] sache, et ainsi se sont mises de franchise
en servage, et veez la fin du service de telle amour.
Comment cuidiez vous, ma dame, qu'il leur semble a

1. A¹ omet mie — 2. A¹ ajoute mie — 3. A¹ omet se — 4. A¹ du
— 5. A² le fait

ses servans grant honneur de dire et eulx vanter qu'ilz
soient amez ou ayent esté d'une bien grant maistresse
ou femme de renom, et comment en tairoient ilz la
verité ? Car Dieux scet comment ilz en mentent; et pleust
a Dieu qu'entre vous, mes dames, le sceussiez bien,
car cause auriez de vous en garder. Et pour ce, ma
dame, que amez balades et dittiez, je vous envoye une ad
ce propos faitte d'un bon maistre, si la vueilliez bien
notter. Oultre plus les servans qui scevent vos secrez
et en qui convient que vous vous fiez [1], cuidiez vous,
par vostre foy, qu'ilz s'en taisent combien que leur ayés
fait jurer ? Certes la plus grant partie sont telz que ilz
seroient bien dolens que l'en ne sceust que plus grant
priveté et hardiece ont vers vous que les autres, et, se
ilz ne dient de bouche voz secrez, ils les monstrent au
doy par divers semblans couvers qu'ilz veulent bien
que on notte. Hé Dieux ! quel servitude a une dame, et
a toute autre femme en tel cas, qui n'osera reprendre ne
blasmer son servant ou servante, poson que elle les
voye grandement mesprendre, quant elle se sent en leur
dongier et seront [2] montés contre elle en tel orgueil
que mot n'osera sonner, ains convendra que elle leur
sueffre ce que elle [3] n'endureroit de nul autre, et
que pensés vous que dient ceulz et celles qui ce voyent
et nottent ? Ilz n'y pensent fors ce qui y est, et soiés
certaine qu'ilz en murmurent assez, et, s'il avient que
la dame se courrouce ou donne congié a ses servans,
Dieux scet se tout est revellé et dit en plusieurs places !
Et touteffois souvent avient que ilz sont et ont esté
moyens et procureurs d'ycelle amour bastir, laquelle
amour ilz ont voulentiers pourchacée et a grant dili-
gence pour traire a eulx dons ou offices ou autres emo-
lumens. Trés redoubtée dame, que vous en diroye ?

1. A' v. soiez fiées — 2. A' seroit — 3. A² s. a faire et dire
choses que n'e.

Soiez certaine que aussi tout on espuiseroit un abysme
comme l'en pourroit raconter tous les perilz mauz qui
sont en ycelle vie amoureuse, et ne doubtez du con-
traire, car il est ainsi. Et pour ce, trés chiere dame, ne
vous vueilliez fichier en si fait peril, et, se aucune
pensée y avez eue, pour Dieu! vous en vueillez retraire [1]
ains que plus grant mal vous en ensuive, car il vault
trop mieulx tost que tart et tart que jamais, et ja pouez
veoir quelz paroles en seroient, se plus se continuoient
voz nouvelles manieres quant ja sont apperceues, par
quoy paroles s'en espandent en mains lieux. Si ne vous
sçay plus que escrire fors que de toute ma poissance
vous suppli [2] humblement que de ce ne me sachiez
aucun mauvais gré, mais vous plaise avisier le bon
vouloir qui le me fait dire, et au fort mieulx doy vou-
loir faire mon devoir de vous loyaument amonester, et
en deusse avoir vostre maltalent, que de vous conseil-
lier vostre destruction ou de la taire pour avoir vostre
bon gré. Ma dame, vueilliez bien notter ma ballade
qu'enclose en ces [3] presentes vous envoye. Trés redoub-
tée princece et ma chiere dame, je pri a Dieu qu'il vous
doint bonne vie et longe et paradis. Escript a la Tour
le xviiiᵉ jour de jenvier.

Vostre trés humble creature,

Sebille de Monthault, dame de la Tour.

### Balade

Dames d'onneur, gardez vos renommées,
  Pour Dieu mercis! eschivez le contraire
De bon renom, que ne soiez blasmées;
N'aiez chaloir d'acointances attraire

---

1. *A²* vueilliez vous en r. — 2. *A²* supplie — 3. *A¹* ses
3173 *A²* De deshonneur q.

3175 Telles qu'on puist recorder ne retraire
     Par voz maintiens que legiers cuers aiez
     Ne qu'en nul cas vous daignissiez meffaire,
     Et de ces faulx gengleurs vous retraiez.

     Car pou vauldroit cuidier bien estre amées
3180 De pluseurs gens pour avoir tel salaire
     Com deshonneur par paroles semmées
     En divers lieux, qu'il eust en vostre affaire
     Legiereté; si vous est neccessaire
     Avoir recort, sans que vous l'essaiez,
3185 Du mal qui vient souvent par folour faire,
     Et de ces faulx gengleurs vous retraiez

     Or soiés donc de parfait sens armées
     Contre ceulx qui tant tachent a soubtraire
     L'onneur de vous, et de qui diffamées
3190 Estes souvent sans cause, et pour vous plaire
     Font le courtois; pour ce ne me puis taire
     Que j'oy souvent telz, que vous attraiez,
     Qui vous blasment; vueilliez vous en soustraire,
     Et de ces faulx gengleurs vous retraiez.

3195 Dames d'onnèur, ne vous vueille desplaire
     Se vous conseil que de vous fortraiez
     Les deceveurs, croiez moy sans plus braire,
     Et de ces faulx gengleurs vous retraiez.

     Ainsi la dame de la Tour,
3200 Qui me mist en moult dur atour
     Par ses lettres qu'elle rescript,
     Tel response a ma dame escript

---

3175 *A*¹ que on — 3178 *A*¹ ses f. — 3186 *A*¹ v. retraire — 3188
*A*² *place* tachent *avant* tant — 3196 *A*¹ Ce — 3200 *A*¹ d. tour

Qui en fut moult esbahye,
Mais ne l'a pour ce enhaÿe
3205 Ainçois se prist lors a dire :
« Hé ! que pleust a nostre sire
Que tousjours eust o moy esté
Celle, le bien amonnesté
M'aroit, si ne feusse mie
3210 Par mal conseil endormie,
Mais au fort je m'en retrairay
Et a son conseil me trairay,
Car bien voy le peril amer
Qui est en la vie d'amer,
3215 Mais cil de qui trop me souvient
Qu'il s'en retraye aussi convient. »
Adonc telz lettres a escriprе
Me prist com cy vous orrez dire :


## Lettres closes

Mon bel ami, il est bien la verité que folle amour, qui
plusieurs deçoit, et la nisse pitié que j'ay eue de vos
complaintes moult m'ont [1] menée a oublier [2] ce de
quoy il me devroit souvenir sans cesser, c'est assavoir
mon ame et mon honneur ; et je l'ay bien montré qui
me suis mise ja en plusieurs grans dongiers et perilz
pour acomplir voz joennes desirs et les miens. Combien
que, Dieux mercis ! n'y ait point de villennie ne ja
n'ara, ne me doint Dieux tant vivre ! mais pour tant ne
le croiroit mie le monde se aucune mauvaise aventure
m'en avenoit, dont Dieux me gard ! Et voy bien que
quiconques se boute en telle folle amour qu'il n'est mie
maistre de soy ne de ses manieres, par quoy il convient

---

1. *A'* omet m'ont — 2. *A'* houblier
3204 *A'* ce haÿe

qu'il soit aperceü ainsi comme vous pouez veoir par
ces grandes lettres que je vous envoye que la bonne
preude femme la dame de la Tour m'a rescriptes, a fin
que vous voiez quel cause me meut a m'en retraire.
Car, quant en ceste amour je me mis, je ne me donnoye
garde des perilz ou je me fichoye, mais ceste sage dame
m'a ouvert les yeulx de raison et d'avisier en mon fait
ou, se non, je seroye honnie [1] et perdue, et, chier ami,
ce ne devriez vous mie vouloir. Et pour ce vous pry
que vous en vueilliez retraire, et sachiez que ceste
requeste vous fais malgré mon cuer et a yeulx pleins
de larmes, car riens ne pourroit plus estre amé que je
vous aime. Si ne cuidiez mie que par faulte d'amour
soit, car je vous jure par ma part de Paradis et vous
promet sur tous les sermens qui faire se puent que, tant
quant vivray, vous serez mon seul ami et tousdis sans
autre vous ameray s'en vous ne tient, ne je ne vous donne
congié de m'amour, car ne le m'avez mie desservi ne
mon cuer qui vous aime ne le pourroit consentir, mais
seulement couvient que vous deportiez de moy veoir
pour le mal qui avenir m'en pourroit, laquelle [2] chose,
je sçay bien, vous sera moult grieve et trés doulou-
reuse, mais quant vostre cuer en sera malade le mien
n'en sera mie sain [3]. Si ne vous en sçay plus que es-
cripre ne [4] ne puis, car mon las cuer, mes yeulx et mon
viaire sont tous reamplis de larmes, et a Dieu vous dis,
ma belle amour.

Vostre dolente dame.

Quant ces lettres de doulour
3220     Oz leues, poulz et coulour

1. *A² intervertit* honnie et perdue — 2. *A² ajoute* mie *après*
pourroit — 3. *A¹* laquel — 4. *A¹* sien — 4. *A¹ supprime le premier* ne

Perdi et com mort devins,
De grant piece ne revins
A moy, car pasmez estoye
De la doulour que sentoye
3225    De telle nouvelle ouïr
Qu'il me convensist fouïr
Et esloingnier et retraire
De ma dame ; onc tel contraire
Ne m'avint, dont je plouray
3230    Tant qu'a pou je n'acouray.
La grande lettre ay leüe
Qui ceste chose ot meüe,
Et Dieux scet, quant la lisoie,
Se la vieille maudisoie
3235    Qui la lettre ot envoyée !
La voulsisse avoir noyée
Mais qu'il n'en deüst plus estre.
Quant celle douleur senestre
J'oz longue piece menée,
3240    Sans qu'elle fust deffinée,
Ay escriptes telles lettres,
Moillant de larmes les lettres :


A la souveraine des dames.


Hé las ! ma doulce dame redoubtée, ma souveraine
amour que je sers, crains, obeïs et aour, et ou pourray
je prendre parole souffisant a vous declairier et faire a
savoir entierement ma grant doulour ? Car larmes et
plours me troublent le sentement et ma memoire si que
ne sçay ou je suis ne que je fois. Ha ! ma dame, or
m'avez vous desconfit par vos dures lettres de dire qu'il
conviengne que de vous me retraye ! Certes, il est bien
la verité, quoy que celle dame de la Tour die des
amans, que je suis plus vostre que chose que vous aiez

en ce monde et que je vous ay promis, laquelle chose
tendray toute ma vie que je vous obeïray entierement
sans riens passer de vostre vouloir, voire c'est a entendre
a mon pouoir. Mais quant est de m'en retraire, ad ce
ne puis je obeïr, car a vie m'i suis donnés ; si ne seroit
en ma poissance, pour en recevoir mort, de m'en oster.
Mais, chiere dame, de obeïr a vostre commandement
que plus ne vous voye, s'il vous plaist a toutes fins [1]
que ainsi soit, ad ce convendra par grant contraire que
je deffende, mais se vous me commandez que je n'en
muire ou perde le sens, ad ce ne pourray je obeïr, je le
sçay de vray. Et, a fin que vous voiez que plus voul-
droie vostre honneur que celle qui tant vous en a
escript, pour oster toute soupeçon que soiez cause de
ma mort, je m'en yray mourir oultre mer ne jamais de
ça ne revendray, je le [2] vous jure sur ma foy et ainsi le
trouverez. Hé las ! et ou a celle trouvé, pour bastir ma
mort, que ja soit de nostre amour nouvelles et paroles ?
Et vrayement elle l'a songié ; sauve sa reverence, ce
ne puet estre ; car oncques chose ne fu menée plus sage-
ment ne plus secretement qu'a esté jusques cy nostre
doulce amour et tousjours sera, se Dieu plaist. Car ce
scet Dieux que plus tost soufferroye mort que faire
chose ou vous eussiez deshonneur. Ha ! ma dame, Ha !
ma dame, et ne vous verray je doncques plus ? Quant
il convendra que ce soit, Dieux me doint perdre la veie
et que plus ne voye jamais chose, car autre riens ne me
pourroit plaire. Et comment doncques dureroit ne
demoureroit mon cuer en vie qui plus n'aroit la joye
qu'il reçoit quant il est près du vostre. Ha ! Hay moy !
Las ! ceste pensée m'est une lance qui mon douloureux
cuer par mi tresperce ! et que je doye ainsi perdre, et
sans cause, les doulz reconfors, les amoureux plaisirs,
les plaisans regars et savoureuses paroles que de vous

1. *A¹ t. fois* — 2. *A¹ supprime* le.

recepvoye, dont le doulz recort et souvenance, qui en
ma pensée demouroit en esperance d'y ¹ retourner, me
tenoit joyeux et liez plus que nul autre, ne pourroit
estre. Et, ma trés doulce dame, puis qu'il convient que
je muire sans l'avoir desservi, un seul don vous requier
pour toute l'amour que vostre doulz et noble cuer ot
oncques a moy, ne tant de cruaulté ne vueilliez faire a
vostre povre servant qu'il en soit escondit, ce est que
ainçois que du tout soye congeiez que une fois puisse
parler a vous a fin que je prengne congié et die a Dieu
a toutes les doulces choses que m'aviez si amoreusement
données, ou oncques, par mon ame ! n'oz penser vil-
lain ne oultre vostre gré. Hé las ! ma dame, bien sçay
que leur faittes tort et souffrir mal sans cause, car je
me rens fort que cestui congié n'est mie de leur assen-
tement ne vouloir. Chiere dame, si me soit ce don
ottroyé. Et plus ne vous sçay que dire, mais soiez cer-
taine que jusques a la mort vous obeïray. Si vous plaise
a me mander briefment quel voye voulez que je tiengne,
et se voulez que j'emprengne la voye oultremer, si
comme je ay dit, ou ce qu'il vous plaira. Et me vueil-
liez pardonner que ainsi sont ces lettres effacées de mes
larmes, car, sur mon ame ! il n'estoit en ma poissance
de les restraindre ne faire cesser jusques je les eusse
escriptes ! Redoubtée dame, a vous me recommande
plus que ne saroye dire, et pry a Dieu qu'il vous doint
tous les biens que l'en saroit souhaitier. Escript trés
amerement en larmes et plours.

Vostre povre amant, de tous le plus douloreux.

        Ces lettres cy envoyay
        A ma dame et larmoyay

1. A² de r.

3245    Durement en les baillant.
       Mat, dolent et tressaillant
       Demouray et moy plaingnant ;
       Disoye en moy complaignant :


*Balade*


       Ha ! Mort, Mort, Mort, viens a moy, je t'appelle,
3250     Oste moy tost de ce doloreux monde,
       Car vivre plus ne vueil ; puis que la belle
       Me veult du tout estrangier, fais que fonde
       Mon povre cuer a dueil et a martire ;
       Car congié prens a joye et a leesce
3255  Ne je ne vueil fors que toy, Mort, eslire,
       Puis que congié me donne ma maistrèce.

       Hé las ! hé las ! quel dolente nouvelle !
       Oncques ferus de lance ne de fonde
       Ne d'autre dart ne fu homs qui si felle
3260  Nouvelle ouïst com moy par qui j'abonde
       En tout meschief plus que je ne say dire.
       Quant eslongner amour de tel haultece
       Me fault, je vois a dueil mourant de tire,
       Puis que congié me donne ma maistrece.

3265  Ha ! ma dame, me serez vous si felle
       Que vous souffriez qu'en si grief dueil ja fonde
       Pour vous amer ; a tesmoing je t'appelle,
       Amours, qui sces que ou siecle a la reonde
       On ne pourroit nul autre amant eslire,
3270  Plus vray servant de fait et de promesse !
       Mais tout mon fait s'en va de mal en pire,
       Puis que congié me donne ma maistresse.

3255 *A*¹ Mais — 3267 *A*² t. j'en a. — 3268 *A*¹ du s.

Ha! Dieux d'amours! pour quoy souffrez, beau sire,
Que muire ainsi sans desserte en tristece?
3275 Car je pers tout, nul ne m'en seroit mire,
Puis que congié me donne ma maistrece.


Ainsi com je vous descrips
A ma dame je rescrips.
Et quant mes lettres ouvertes
3280 Ot, et les vid si couvertes
De larmes et deffaciées
Les lettres et despeciées,
Certes on me raporta
Que trop se desconforta,
3284 Et en les lisant plouroit
Si fort que lui decouroit
L'iaue contreval la face.
Et adonc a de sa grace
Me rescripst trés bien en haste,
3290 Au message qu'il se haste
De les porter bien en charge;
Il de non finer se charge
Tant qu'il les m'ait apportées.
Le message o les hastées
3295 Lettres toute nuit ne fine
D'aler tant qu'il se termine,
Au point du jour, a la porte
Du chastel; adonc m'aporte
Les lettres qui conforterent
3300 Mon grief plour et dueil m'osterent.
Et grant besoing en avoye,
Car certes j'estoye en voye
De vie perdre ou le sens.

3280 A¹ le v.

Si entendez cy le sens
33o5    Des lettres qu'elle envoya
Dont mon cuer eu grant joye a :


Au plus bel et meilleur de tous, mon vray et loial ami.

Mon vray, loyal, trés doulz et bel ami, voir est que
comme je fusse espoventée de mon honneur perdre, que
je doy ressongnier sur toutes choses, de ce amonnestée
par les lettres, comme vous avez peü veoir, de la dame
de la Tour a qui j'en sçay bon gré, car je sçay bien que
elle l'a fait pour mon grant bien, vous escrips derraine-
ment en mes lettres, malgré mon cuer, ce que je vous
manday en ycelles; mais, mon doulz et gracieux ami,
je voy bien que la departie de vous et de moy Amours
ne pourroit souffrir, et me repens grandement de vous
avoir ce signifié, car je sçay que grant douleur en avez
eu et avez. Dont je vous pri que pardonner le me vueil-
liez et je vous en cry mercy. Et me poise bien que
nostre bon ami vostre cousin n'est avec vous pour vous
reconforter, et me desplait dont en si long voyage est
alez. Si vous-pri ¹, sur tout le commandement que je
puis sur vous avoir et l'amour que vous avez a moy,
que vostre cuer en vueilliez du tout apaisier comme
devant, car je ay trop grant paour que n'ayez pris si
grant tristece en vous que je ne viengne ja a temps a vous
reconforter et que aucune maladie, dont Dieux vous
gart ! vous en prengne. Par quoy aise ne seray jusques
je oye nouvelles de vous. Si vous escrips bien en haste
en vous priant que faciez trés bonne chiere et joyeuse,
car je vous ² sçay a dire trés ³ bonnes novelles : c'est
que nostre bonne amie en qui nous nous fions sera cy
dedens .iiii. jours. Si me vendrez veoir, et je le vous

manderay, et ferons bonne chiere comme devant. Car,
se Dieux m'aïst ! se mourir en devoie, je ne vous pour-
roye laissier, et je ay esperance a l'aide de Dieu que
nostre fait sera bien cellé, et aussi vous garderez tous-
jours bien mon honneur, car g'y ay fiance. Mon doulz
et bel amé, je pri a Dieu qu'il vous doint parfaitte joye.
Escript hastivement.

> Vostre vraye et loyal [1] amie.

<br>

> Ainsi ces lettres receus,
> Si fus du tout au dessus
> De mon anuy, ne plouray
3310    > Plus, ainçois Dieu aouray
> De ces trés bonnes nouvelles.
> Si fis la response a celles
> Lettres et moult merciay
> Ma doulce dame, aussi ay
3315    > Lui prié que la veïsse
> Brief a fin que lui deïsse
> Le mal qu'avoye eü
> Des lettres qu'os receü.
> Ne sçay a quoy j'en tenisse
3320    > Plus long conte, que j'en ysse
> Est temps. Tout avez ouÿ
> Coment d'amours je jouÿ
> A mon gré sans villennie,
> Car qui dira, je lui nye,
3325    > Qu'en nostre amour il eust oncques
> Lait fait ne vilain quelconques
> Ne dont loyaulté brisiée
> Fust en riens, dont mieulx prisiée
> En doit estre nostre amour.

---

1. *A²* loiale — 3319 *A²* je t.

3330　Aussi la peine et clamour
　　　 Vous ay dit que j'enduray
　　　 Ainçois et com procuray
　　　 Tant que ma dame ot pitié
　　　 De moy. Si est du dittié
3335　Temps qu'on le doye a fin traire,
　　　 Car se vouloye retraire
　　　 Trestoutes les aventures,
　　　 Unes plaisans, autres dures,
　　　 Qui en celle amour m'avindrent,
3340　Les maulx et biens qui m'en vindrent,
　　　 Puet estre que j'anuyeroye;
　　　 Car assés a dire aroye
　　　 Et procès ert sans finer.
　　　 Mais, pour en brief parfiner,
3345　Vous di que puis mainte fie
　　　 La belle, en qui je me fie,
　　　 Vi trés amoureusement
　　　 Et os savoureusement
　　　 D'elle, dont mon cuer ne part,
3350　Des amoureux biens grant part.
　　　 Et bien deux ans sans mentir
　　　 Me dura, que departir
　　　 Du paÿs ne me laissoit,
　　　 Et aussi bien me plaisoit,
3355　Car si ardent en estoye
　　　 Qu'a nulle riens n'acomptoye
　　　 Forş que près d'elle je feusse.
　　　 Si croy que plus que ne deusse
　　　 Y hantay, tant que fumée,
3360　Par male langue alumée,
　　　 Du fait de nous deux sailli,
　　　 Dont dolent et mal bailli
　　　 Fus, car ne la pos estaindre,
　　　 Si n'oz plus pouoir d'ataindre
3365　A veoir, si com souloie,

Ma dame, dont me douloie
Durement ; si fus blasmé
De mes amis et clamé
Recreant, dont tant estoie
3370 Ou paÿs ou ne hantoye
Fors joustes, tournois et festes
Qui près de moy fussent prestes,
Mais de loings aler neant.
Si n'estoit pas bien seant
3375 A gentil homme, a voir dire ;
Si seroye tout le pire
De mon lignage s'estoye
Plus la et se ne hantoie
Les armes en mainte terre
3380 Pour los et vaillance acquerre.
Tout ce sermon me notterent
Mes parens, si me chanterent
Tel chançon que j'escoutay
Pour mon mieulx, mès me doubtay
3385 Qu'a ma dame peust desplaire
De ce sans son congié faire
Et tout mon cuer s'en doulsist.
Lui manday qu'elle voulsist
Tant faire qu'a lui parlasse,
3390 Car convenoit que j'alasse,
Pour son honneur mesmement,
Un pou hors, et fermement
Creust que ne l'oublieroye
Jamais jour ; si m'en yroie
3395 En Espaigne ou l'en aloit,
Et que mieulx faire valoit
Ainsi que pis en venist ;
Et qu'aussi lui souvenist
Que promis je lui avoye

3384 A² m. je d.

3400    Que pour s'amour je feroye
         Tant que nom de vaillant homme
         Acquerroye en toute somme.
         Tant fis et tant pourparlay
         Qu'a peine a elle parlay,
3405    Car moult estoit court tenue,
         Et en grant peril, venue
         Est en un lieu ou je yere ;
         Plours, grant dueil et mate chiere
         Y ot moult au departir,
3410    Et a peines consentir
         Me voult qu'en la guerre alasse ;
         Et en moillant piz et face
         De plours, et estroittement
         Baisant, bien destroittement
3415    A Dieu je la commanday
         Et si m'y recommenday
         Mille fois et me soubmis
         A son vueil ; si lui promis
         Que partout la ou g'yroye
3420    Nouvelles lui escriproie,
         Et aussi me rescriproit
         Tout comment a elle yroit.
         Et ainsi je departy,
         Plourant et en dur parti
3425    De laissier ma bien amée.
         En Espaigne en une armée
         M'en alay, et par dela
         Fus un an et loings de la
         Belle, puis m'en vins tyrant
3430    D'elle veoir desirant.
         Quant de mon retour nouvelle
         Sot, elle fist tant qu'a elle

---

3408 *A*[1] *omet* dueil — 3409 *A*[2] Y ot grant au d. — *A*[1] *ajoute*
dueil *après* moult — 3411 *A*[2] M'en v.

Parlay sans qu'il fust sceüs;
A joye y fus receüs,
3435   Trés bonne chiere feïmes
Et de noz regraiz deïmes.
Ainsi par fois y aloie,
Mais en peril y parloie,
Et ainsi comme en emblant
3440   Venoit paoureuse et tremblant
De paour d'estre gaitie,
Dont toute estoit dehaitie;
Par quoy, quant si esperdue
La veoie, aucques perdue
3445   Estoit grant part de ma joye
Pour le peril que veoie
En quoy pour moy soubmettoit
Son honneur et soy mettoit.
Pour ce entrepris maint voyage,
3450   Oultremer alay a nage
Pour dongier des mesdisans.
Ainsi me dura .x. ans
Celle vie que j'aloye
Souvent hors, puis revenoye;
3455   Et au retour avenoit
Aucunes fois, quant venoit
A point, que ma dame chiere
Veoye; et par tel maniere
Alay cerchant mainte terre.
3460   Prisonnier je fus en guerre
En une dure assemblée,
Dont ma dame fut troublée.
Ainsi os du mal assez
Ainçois les .x. ans passez.
3465   Amours mesmes m'en livra
Maint et ne m'en delivra;
Car, non obstant qu'en ma dame
Je ne veisse oncques, par m'ame!

Chose dont doubter deüsse
3470    D'elle, que j'apperceüsse,
Jalousie, qui est rage,
Me destrempa tel buvrage
Que comme homme fol devins!
Car une fois je revins
3475    De hors et me fu advis,
Aussi tost que la vis,
Que son cuer estoit changié
Vers moy et tout estrangié
M'avoit d'elle, me sembloit,
3480    Dont tel dueil s'en assembloit
En mon cuer que j'enragoye.
Si en perdi toute joye
Et ne m'en pos apaisier
De long temps ne amaisier
3485    Mon cuer qui grant dueil avoit,
Et ma dame m'en savoit
Si mal gré qu'en cel espace
A pou qu'en perdi sa grace.
Aussi, se dire je l'ouse,
3490    Un temps un petit jalouse
La vi, dont grant dueil avoie,
Car achoison n'y savoye
Ne la cause pour quoy ce yere,
Car en pensée n'en maniere
3495    Dieux scet que oncques ne faussay
Vers elle ne oeil ne hauçay
Pour penser a autre dame;
Mais bien voy que qui la flamme
D'amours a ou cuer fichiée
3500    Fault qu'en jalousie chée,
Car a peine se deporte
De jalousie qui porte
En soy grant amour parfaitte.
Si fu mainte chançon faitte,

3505    Puis de dueil, puis de repos,
       De nostre fait ; a prepos
       De divers cas je disoie
       Balades que je faisoie,
       Lais, complaintes, autres diz,
3510    Dont un joyeux entre dix
       Doloreux avoit : c'est guise
       De fol cuer qu'Amours desguise,
       Ma dame m'en renvoioit
       A son tour quant lui seoit.
3515    Si orrez presentement
       Ci après le sentement
       De quoy noz dittiez estoient
       Qui noz maulx reconfortoient
       Quant loings l'un de l'autre estions,
3520    Car ad ce nous esbations
       D'avoir mieulx en esperance,
       Quel qu'en fust la demourance.
       Dit ay le commencement,
       Moyen et fin ensement,
3525    Jusqu'a bien .x. ans passez,
       Des amours ou j'oz assez
       Peines et dures pensées,
       Mais ne sont mie passées
       Ces amours ne passeront,
3530    Ains les corps trespasseront.
       Mais mesdisans, que confonde
       Dieux, car trop en a au monde,
       M'ont fait laissier la hentise
       De celle a qui j'ay promise
3535    M'amour sans ja repentir ;
       Dont ne m'en verra mentir,
       Mais deshonneur lui veoye
       Avoir pour moy dont heoye

3533 *A²* Moult f.

Ma vie qui tant duroit,
3540    Car chascun en murmuroit;
Pour ce, pour s'onneur garder
Et sa paix, me retarder
D'elle veoir mieulx amay,
Non obstant que m'en clamay
3545    Las, dolent, mainte journée,
Que ce qu'elle fust tournée
Pour moy a tel blasme avoir.
Mais non pour tant, corps, avoir
Et quanque finer pourroye,
3550    Est sien, pour elle mourroie,
Se besoing ert, n'est pas fable.
Si pri Dieu esperitable
Qui paix, honneur, bonne vie
Lui ottroit et assouvie
3555    Joye qui jamais ne fine.
Et ycy mon dit deffine.

EXPLICIT LE LIVRE APPELLÉ LE DUC DES VRAIS AMANS

A tous ditteurs, qui savoir
Ont en eulx, celle savoir
Fait, qui ce dittié ditta,
3560    Qu'en trestous les vers dit a
Rime leonime ou livre,
Et tel tout au long le livre.
Voire de si forte forge,
Ne sçay se nul le voit fors je,
3565    Que si foible rime en vers
N'a, voiant droit et envers,
Que un voieul devant ne sonne

3566 $A^2$ N'en y a et d.

Ains la sillabe que on sonne
Derraine aux rimes parfaire.
3570   Ainsi l'a voulu parfaire
Pour monstrer son essience ;
Car labour a et science
De long procès demener
Par tel rime et de mener
3575.   A fin matieres diverses,
Puis doulces et puis diverses.
Et qui nel croira l'espreuve
Par essaier, lors l'espreuve
Fors et de penible affaire
3580   A qui a long compte a faire :

## BALADES DE PLUSEURS FAÇONS

I

Belle, il me fault departir
  Et esloingnier vo presence,
Dont grant dueil me fault sentir,
4   Car je mourray de pesance
Puis que plus n'aray l'aisance
De veoir vostre doulz vis
Qui est, a ma congnoiscence,
8   Le plus perfait qu'onques vis.

— Amis, ne puis consentir
De bon gré vostre partence,
Car sans vous sera martir
12   Mon cuer en grief penitence,

I. 8 A¹ que o.

Si me fait mal quant je pense
Qu'ainsi soit de moy ravis
Cil qui est par excellence
16    Le plus perfait qu'onques vis.

— Dame, bien doit amortir
Tout mon bien quant souffisance
Avions tous .ii. et partir
20    La convient sans qu'aye offense
Faitte, et si n'y puis deffense
Mettre, dont j'enrage vifs
Pour vous, cuer plein d'essience,
24    Le plus perfait qu'onques vis.

— Ou que faciez residence,
Foy, amis, je vous plevis,
Car vous estes sans doubtance
28    Le plus perfait qu'onques vis.

## II

Prendre congié je viens, doulce maistresse,
Pour m'en aler, venus suis a Dieu dire.
— Hé las ! amis, ce m'est dure destrece,
4    Car ton depart me fera mourir d'ire.
— Belle, a vous me recomande
Et pri a Dieu que tous voz biens vous rende,
— Amis, en grant dueil je mains,
8    Mais ne m'oubliez pas au mains.

Las ! que feray quant ma confortarresse
Je n'aray plus, car vous estiez mon mire.

I. 14 *A*¹ Que a. — II. 1 *A*² c. de vous d. — 2 *A*² a. s. v. a —
6 *A*² prie — 7 *A*² je remains — 10 *A*² v. estes

— Amis, mais moy, car en femme a foiblece
12    Plus qu'en homme n'a, si fault que je muire.
         — Doulce flour, m'est vis que fende
Mon cuer de dueil et qu'a la mort je tende.
         — Amis, confortes tes reclaims,
16       Mais ne m'oubliez pas aux mains.

Ma doulce amour et dame, je vous laisse
Mon cuer ; pour Dieu ! ne vueilliez autre eslire.
— Ne doubtez ja, amis, que changerresse
20    Soye nul jour, de toy me doit souffire.
         — Dame, sans que plus j'attende
A mon depart il convient que je tende.
         — A Dieu donc, amis que tant aims,
24       Mais ne m'oubliez pas au mains.

Belle, a Dieu, qui vous deffende
De tout anuy et voz haulz biens vous rende.
         — A Dieu te di en dueil et plains,
28       Mais ne m'oubliez pas au mains.

### III

BALADE A DOUBLES RIMES

Dame, je pars de vous pale et destaint,
      Ataint de dueil m'en vois, dont je souspire
3    En pire point qu'onques ne fus rataint,
Taint de coulour mortele qui m'empire,
Despire doy ma vie qui trop dure,
6    Car sure mort ne me seroit si dure.

Ha mesdisans ! deables vous enmaint
A maint nuisez, Dieux vous vueille maudire !

II. 14 *A¹* m. retende — 15 *A²* te r. — 22 *A²* q. j'entende —
III. 4 *A²* *ajoute* de *devant* mortele — 8 *A¹* nuisiez

9    Dire le doy, car celle ou tout bien maint
    Remaint en dueil et je, par vo mesdire
    D'yre rempli, pas ne sçay com l'endure,
12   Car sure mort ne me seroit si dure.

    Et certes plus, belle, voz durs complains
    Plains que les miens, non obstant mon martire,
15   Tire a tire languiray en reclains
    Pleins n'en seray fors de vous, dont m'aÿre,
    Sire Dieux, tost ostez moy ceste ardure,
18   Car sure mort ne me seroit si dure.

    Tost finer vueil, de plus vivre n'ay cure,
20   Car sure mort ne me seroit si dure.

### IV

      Qu'en puis je mais se je plains
          Et complains
    Ma trés douloreuse perte,
        Trop aperte
    Sur moy, car le bien qu'avoye
6         Me renvoye
    A dueil dont mon cuer est pleins.
        Si me plains,
    Car a la mort suis offerte
        Sans desserte,
    Par quoy regraitant, larmoye,
12       L'amour moye,

    Quant cil que doulz amis claims,
        Qui est pleins
    De valour, c'est chose aperte

---

III. 13 *A*¹ vo d. — IV. 1 *A*¹ se se p. — 8 *A*² m'en p. — 12 *A*¹ moy

   Et ouverte,
  Plus ne voy ; c'estoit ma joye,
18    Or n'esjoye
  Riens mon cuer qui plus n'est sains
    Mais ençains
  De tourment; si suis deserte
    Et aherte
  A dueil sans cil que clamoye
24    L'amour moye.

  Mais trop se debat en vains
    Mon cuer vains,
  Car voye ne m'est soufferte
    Ne rouverte
  Par quoy jamais je le voye,
30    Dont s'avoye
  Mon cuer a trop durs reclaims,
    Non pas fains,
  Mais de cuer qui tout s'esserte,
    Chose est certe,
  Pour cil en qui j'affermoye
36    L'amour moye.

  Estre ne puis si couverte,
    Soubz couverte,
  Que celler puisse qu'amoye
40    L'amour moye.

V

  Triste, dolent, presque mort,
    Sans confort,
  Ma doulce dame et amour,

IV. 20 *A'* ançains
  T. III       13

4      Loins de vous suis, dont je port
                Pale et mort
        Viaire et en desconfort
7              Je demour.

        Ne je n'ay de vous raport
                Qui m'enort
        A joye, et pour ce en cremour
11     Vif que vous n'aiez recort
                De l'accort
        De nous deux, pour ce en remort
14             Je demour.

        Certes, vous me feriez tort,
                Belle, au fort,
        De m'oublier, car clamour
18     Et duel me mettroit a port
                De dur sort
        Puis qu'en vous amant très fort
21             Je demour.

        Ma dame et le doulz demour,
        Ou mon cuer est sans transport,
                Le ressort
        De mon bien, sans reconfort
26             Je demour.


                    VI


        Se de toy suis oubliée,
          Doulz ami, estre liée
3              Je ne doy mie,
        Mais je me doubt qu'aliée
        Aies t'amour et liée
6              A aultre amie.

Car pieça, dont anuyée
Suis, ne m'as lettre envoyée,
9      Dont je fermie
De paour que ottroyée
Soit t'amour sans detriée
12      A autre amie.

Si m'aroies deffiée
A mort, car me suis fiée
15      Et endormie
En t'amour, se affiée
L'avoies ceste fiée
18      A autre amie.

Pale et blesmie,
Pri que t'amour desliée
Ne me soit ne raliée
22      A aultre amie.

## VII

M<sup>A</sup> dame, trés humblement
  A vous je me recommand,
Et si vous fais assavoir
4      De mes nouvelles.
Sachiez que desir forment
Vous veoir et que briefment
Nouvelles j'en puisse avoir
8      Bonnes et belles.

Sain de corps suis, mais tourment
De moy ne part nullement,
Car desir ramentevoir,
12      Pointures felles

VII. 12 *A²* P. foles

Me vient quant j'ay pensement
Aux graces entierement
Qui y sont, a dire voir,
16          Bonnes et belles.

Et j'en suis si longuement
Longtain, si m'en dueil griefment,
Mais j'en feray mon debvoir
20          Mal a gré celles
Et ceulx qui encombrement
Y mettent, car temprement
Yray vos doulçours veoir
24          Bonnes et belles.

Dieux voz querelles
Vous ottroit sans finement.
Escrit au comencement
D'Aoust ou lieu ou n'a, voir,
          Bonnes et belles.

## VIII

Trés doulz ami, tu m'as reconfortée :
    Puis qu'ay de toy bonne nouvelle oÿe,
3          C'est qu'en bon point
Es, Dieu mercy, et que tu ne m'as point
Oubliée, dont je suis resjouÿe,
6    Ne me pourroit meilleur estre aportée.

De mon estat saches que confortée
Suis a present, mais comme esvanoÿe
9          Et de dur point

VII. 13 *A*¹ Me viennent — 23 *A*¹ vo doulçour

Pointe souvent ay esté, mais a point
As mis mon cuer dont joye estoit foÿe,
12    Ne me pourroit meilleur estre aportée.

Et avec ce m'as grant joye enortée
De ton retour ou seray com joÿe,
15          Dieux le me doint
Briement veoir et ton cuer y adoint!
Car lors seray de grant grace esjoÿe,
18    Ne me pourroit meilleur estre aportée.

Tel nouvelle tost viengne a mon oÿe,
20    Ne me pourroit meilleur estre aportée.

## IX

D<small>OULCE</small> dame, plus durer ne pourroye
        Se loings de vous, si convient que revoise
3          Prochainement
Par devers vous, autrement je mourroye,
Et de si long sejour faire il me poise
6          Certainement.

Et bien me doit tarder que je vous voye,
Belle plaisant, car riens n'est qui racoise
9          Mon grief tourment
Fors vous sans plus, autre ne me resjoye;
Croiez le ainsi, doulce, franche et cortoise,
12          Certainement.

Si m'en revois et plus ne m'en tenroye,
Et, si convient a Dieu, langue tyoise
15          Et ensement

VIII. 13 *Les mss. portent* Et avecques

Li Alemant, et pour vous, simple et coye,
Tirer me fault vers contrée françoise,
18    Certainement.

Joyeusement
Pour vous veoir, belle, me metz en voye
Vers France et laiz le païs de servoise
22    Certainement.

# VIRELAIS

## I

Tu soies le bien venu,
    Plus que ne sçaroye dire,
Amis, j'ay ce que desire
4    Puis que tu es revenu.

Et certes moult me tardoit
Que te peüsse veoir,
Mon cuer de desir ardoit
8    Sans autre part asseoir.

Hé las! t'est il souvenu
Tousjours de moy sans eslire
Autre dame, j'en souspire,
Ne sçay s'il est avenu,
13    Tu soies le bien venu.

Mon las cuer joye perdoit,
Mais adès, par reveoir
Ton gent corps qui me gardoit
17    Tout bien, me fera seoir

En soulas qui soustenu
Me sera par toy sans yre,

Puis que je t'ay doit souffiré,
Ne sçay qu'est dueil devenu,
22    Tu soies le bien venu.

## II

Pour Dieu! ma trés doulce dame,
    Se faire se puet sans blasme
        Que vous voye,
4    Je vous suppli, simple et coye
        Qui m'entame,
    Que ce soit tost, ou, par m'ame!
7        Je mourroye.

Car venus en celle entente
Je suis de longtain païs,
Et se g'y fail, belle et gente,
11    Je cuideray que haïs

Soye de vous, car soubz lame
Me fera mettre la flamme
        Qui maistroie
15    Mon cuer. Hé las! receu soye,
        Car j'affame
De desir qui tout m'enflamme,
        Ou que soye,
19    Pour Dieu! ma trés doulce dame.

Si ne vueilliez estre lente,
Ou trop seray esbaïs,
De moy veoir, plus ne sente
23    Le mal dont suis envaïs.

Si puet estre que nul ame
Nel sache, car voz diffame

II. 24 A' S'il p.

Ne vouldroie
27     Ainçois la mort soufferroie,
Si reclame
Vostre aide, hé las! mon cuer pasme
Qui vous proye,
31     Pour Dieu! ma trés doulce dame.


### III


A MIS, n'y puis avenir
Que venir
Puissiez vers moy, dont me dueil
4     A present, et soustenir
Et tenir,
M'en convient dur souvenir
7     Et grief dueil.

Car je n'ose lever l'ueil
Ne le sueil
Passer pour y pervenir,
Car garde ay plus que sueil,
Dont recueil
13     Doulour qui me fault tenir

Secrete en moy retenir,
Ou banir
Me fauldroit honneur que vueil
17     Tout mon age maintenir
Et furnir,
Par quoy pers a parfurnir
Ton bon vueil;
22     Amis, n'y puis avenir.

Ainsi le felon esveil
Que recueil

De dongier, qui veult honnïr
Tout mon bien par son orgueil,
      Me fait dueil
27    Et a meschief revenir.

Si m'en fauldra deffenir
      Et fenir,
Car toute de plours me mueil
31    Toy desirant retenir
      Et garnir
De joye par doulz accueil
      En recueil,
35    Amis, n'y puis avenir.

## RONDEAULX

### I

Or me doy je bien douloir
      D'ainsi faillir a m'entente
De veoir ma dame gente,
4    Car n'avoie autre chaloir.

Mon desir et mon vouloir
Y estoit sans autre attente;
7    Or me doy je bien douloir.

Mais n'y vault mon desvouloir,
Y convient que tout dueil sente;
Puis qu'elle ne m'est presente
Nul bien ne me puet valoir,
12    Or me doy je bien douloir.

## II

S<sup>E</sup> a faulte suis retourné
    Et tourné
3    Vers vo corps bien atourné
Et sans veoir vo doulz oeil
    Sans orgueil,
6    Dame, je mourray de dueil.

Mon bien sera destourné,
    Bestourné
En langour et trestourné,
10    Se a faulte suis retourné.

Las! mal seray atourné
    Se tourné
13    N'est vo vis vers moy, tour n'é

D'avoir autre part recueil,
    Dont je vueil
Mourir du mal, dont me dueil,
17    Se a faulte suis retourné.

## III

H<sup>É</sup> las! je ne sçay que dire,
    Je muir d'yre.
3    Belle, il convient que m'en aille
    Et que saille
Hors de ce crueux martire
6    Qui m'aÿre.

Puis que ne vous voy, souffire
    Ne deduire

II. 16 *A²* Mentir

Riens ne me pourroit sans faille;
10    Hé las! je ne sçay que dire.

    Ne je ne sçaroye eslire
        Le moins pire
13    De mes mauls, comment que faille
        Et deffaille
    Mon cuer sans que j'aye mire
        Ou je tire,
17    Hé las! je ne sçay que dire.

## IV

Belle plaisant, pour qui tout mal endure,
  En dur ardour me fault de vous partir,
3    Partir bien doit mon cuer au departir.

    Car je vous lais trés doulce pourtraiture,
5    Belle plaisant, pour qui tout mal endure.

    Et si m'en vois, qui m'est douleur obscure,
    Cure n'avez de mon bien assentir,
    Sentir me fault torment sans alentir,
9    Belle plaisant, pour qui tout mal endure.

## COMPLAINTE

Plus que nulle aultre dolente,
  Amours, a toy me guermente
  Du mal qu'il fault que je sente
4        Et du martire

IV. 2 *A*² a. de v. me f. p. — 3 *A*² P. en d.

Dont tu m'as mis a la sente,
Par quoy desespoir tourmente
Mon cuer sans promettre attente
8          Fors d'avoir yre;
Et ne sçay ou trouver mire,
Car par toy mon dueil empire
Tous les jours de mal en pire
12          Et ma tourmente,
Et a quanque je desire
Je fail, dont pleure et souspire;
Si ne me doit pas souffire
16          Si mortel rente.

Car de toy fus deceüe,
Or vient il a ma sceüe,
A tart suis aperceüe,
20          Et c'est ma mort
Quant fais devant ma veüe
Venir cil par qui peüe
Suis de dueil et qui meüe
24          A grief remort
M'a, dont mon cuer se remord,
Car a vis destaint et mort
Me disoit qu'il estoit mort
28          Et qu'esleüe
M'avoit sur toutes et fort
M'amoit, si com son recort
Disoit, et qu'a son acort
32          Fusse esmeüe.

Et tant fist par soy complaindre,
Souspirer, gemir et taindre,
Que, cuidant qu'il ne sceust faindre,
36          Mon cuer blasmay
Dont si le laissoit tant plaindre.
Lors, cuidant au mieudre attaindre

De tous, m'i fyay sans craindre
40      Et si l'amay.
Ce m'avint ou mois de may,
Mais lors de joye en esmay
Me mis, car je m'enfermay
44      En dongier graindre
Que n'estoye ains, si fermay
Mon cuer en lui, que clamay
Doulz ami, et l'en amay
48      Sans moy reffraindre.

Au premier mon cuer emblant
Aloit par son doulz semblant,
Car tout pali et tremblant
52      Sembloit qu'il fust
Devant moy, et ce doublant
Aloit l'amour et comblant
Par telz signes assemblant,
56      Car qu'il morust
Qui tost ne le secourust
Sembloit plus roide qu'un fust,
Et que l'eaue li courust,
60      En redoublant,
Sus son vis, et qu'il ne peust
Parler; si grant douleur eust
Si qu'au lit de tous poins geust,
64      Mort ressemblant.

Tous ces signes en lui vis
Et trop plus a mon avis,
Par quoy mon cuer fut ravis,
68      Lasse! en s'amour.
Si avoye, a mon avis,
Ami, de corps et de vis
En beauté tous assovis.
72      En ce demour

Fus long temps et y demour
Encor, mais sang et humour
Me tolt la dure clamour
76          Que je devis,
Car adès vifs en cremour
De perdre lui et m'onnour,
Mais adès m'en enamour,
80          Je vous plevis.

Puis que le reconforté
Un temps s'est si bien porté
Vers moy, et tel foy porté
84          M'a qu'amender
N'y sceusse, et si enorté
L'avoit Amours qu'aporté
M'iert par lui et raporté
88          Joye, et mander
Lui pouoye et comander
Comme a serf et sans tarder
Ma pais desiroit garder,
92          Et conforté
Mon cuer par son regarder
Estoit, a droit recorder,
Ne peüst mieulx demander
96          Nul cuer morté.

Hé las ! mais il est changié
A present et estrangié
De moy, dont tout enragié
100          Mon cuer se treuve,
Car bien voy que chalengié
On le m'a, car eslongié
Son vueil est et hebergié
104          En amour neufve

A son cuer, le fait le preuve;
Car plus ne prie ne reuve
Qu'aucune voye retreuve,
108       Ainsi com j'é
Apris, par quoy je m'espreuve
Estre sa dame par oeuvre
De pitié qui l'uis lui reuvre,
112       Si soit logié.

Dont je suis a mort conquise,
Puis que cellui, qui requise
Tant m'avoit et ou assise
116       Je m'estoie,
A ailleurs s'entente mise
Ne plus ne m'aime ne prise,
Et de s'amour suis esprise
120       Ou que je soye,
Car sans repentir avoye
En lui mise l'amour moye;
Si est bien drois que je doye
124       En dure guise
Dueil mener sans jamais joye
Avoir, puis que par tel voye
Je pers cellui que j'amoye
128       Et sans faintise.

Et, au moins se congié pris
Eust de moy, estre repris
N'en deust tant; si a mespris
132       Puis qu'il dessemble
De moy en qui avoit pris
Honneur, valeur et tout pris,
Dont ne me deust en despris
136       Avoir, me semble,

111 *A'* reuve

Mais ailleurs son cuer assemble,
Bien le voy, dont mon cuer tremble
De douleur pensant qu'ensemble,
140     Com j'ay appris,
Plus ne serons, dont j'assemble
En mon cuer dueil qui ressemble
Mort qui ja nous desassemble
144     Par dur pourpris.

Mais riens n'y vault ma complaintte
N'estre de plours palle et taintte,
Car jamais, fors d'amours fainte,
148     Ne m'amera,
Puis qu'aultre amour a attaintte
Et la moye a hors empaintte.
Si remaindray de dueil ceintte,
152     Il clamera
Autre dame et reclamera
Et en elle s'affermera,
Dont mon las cuer en semera,
156     Ha ! larme maintte,
Mais ja ne s'en deffermera,
Ainçois toudis s'affermera
Jusques mort l'en deffermera
160     Qui m'a ratteintte.

EXPLICIT LE DUC DES VRAIS AMANS

151 *A'* remaindra — 152 *Les mss. portent* Et il

# CENT BALADES[1]

## D'AMANT ET DE DAME

———

CY COMMENCENT CENT BALADES D'AMANT
ET DE DAME

Quoy que n'eusse corage ne pensée, *f. 376 a*
   Quant a present, de dits amoureus faire,
Car autre part adès suis apensée,
4     Par le command de personne qui plaire
Doit bien a tous, ay empris a parfaire
D'un amoureux et sa dame ensement,
Pour obeïr a autrui et complaire,
8     Cent balades d'amoureux sentement.

Et tout conment ont leur vie passée
Ou fait d'amours, qui maint mal leur fist traire

———

1. *Ce recueil ne se trouve que dans le ms. Harley 4431 du*
*Musée Britannique, f*os *376 à 398.*

Et mainte joye aussi entrelassée
12   De pointure, d'ennuy et de contraire,
Tout me convient conter, sans m'en retraire,
En ce livret ycy presentement
Ou j'escripray de joye et du contraire
16   Cent balades d'amoureux sentement.

Or pry je a Dieu que n'en soye lassée,
Car mieulx me pleust entendre a autre afaire
De trop greigneur estude, mais taussée
20   M'i a personne doulce et debonnaire
Pour amende de ce que ay dit que traire  *fol. 376 b*
En sus se doit d'amoureux pensement
Toute dame d'onneur; si m'en fault traire
24   Cent balades d'amoureux sentement.

Prince, bien voy que il se vauldroit mieux taire
Que ne parler a gré; voy cy comment
Payer m'en fault d'amende volontaire
28   Cent balades d'amoureux sentement.

## I. — L'AMANT

Plus ne vous puis celer la grant amour
     Dont je vous aim, belle plus que autre née,
Qu'ay longuement portée sans clamour
4   Faire ne plaint, mais or voy la journée
Que ma vigour est du tout affinée
Par trop amer qui m'occit et cueurt seure,
7   Se de vous n'ay reconfort sans demeure.

Et contraint suis, tout soit ce en grant cremour,
Du dire, afin que garison donnée
Me soit par vous, car sanc, vie et humour
11   Me deffaillent, et, quoy que mainte année

Aye souffert, adès est destinée
Sans reschaper ma mort, il en est l'eure
14    Se de vous n'ay reconfort sans demeure.

Si vous requier, trés belle, en qui demour
Entierement mon cuer fait, que ordenée
Me soit mercy, lonc n'en soit le demour,
18    Car plus ne puis ne soir ne matinée
Ce mal porter, si soit adès finée
La grant durté dont fauldra qu'en dueil pleure,
21    Se de vous n'ay reconfort sans demeure.

Ha! trés plaisant, en bonté affinée,
Vo doulce amour soit a moy assenée,
Car mon cuer est ja noircy plus que meure,
25    Se de vous n'ay reconfort sans demeure.


II. — LA DAME        *fol. 376 c*

O NCQUES ne sceu qu'est amer, ne aprendre
      Encor n'y vueil, alieurs suis apensée,
Par quoy en vain vous y pourriez atendre;
4    Je le vous dy, ostés en vo pensée,
          Car ne m'en tient,
Ne telle amour a dame n'appartient
Qui ayme honneur; si ne vous en soit grief,
8    Car vous ne autre je ne vueil amer brief.

Et me quid bien de telle amour deffendre.
La Dieu mercy, ne seray enlassée
Es las d'amours, dont aux autres mal prendre
12    Communement je voy, et ja passée,
          Bien m'en avient,
M'en suis long temps, encores ne m'en tient,

Qui que m'en parle, escripse lettre ou brief,
16    Car vous ne autre je ne vueil amer brief.

Si ne vous sçay autre response rendre,
Plus n'en parlez, et desja suis lassée
De l'escouter, aillieurs vous alez rendre,
20    Car cy n'iert ja vo requeste passée,
        Et qui y vient
Fait grant folour, car point ne me revient
Si faicte amour, nul n'en vendroit a chief,
24    Car vous ne autre je ne vueil amer brief.

N'y pensez plus, le vous dy derechief,
26    Car vous ne autre je ne vueil amer brief.


### III. — L'AMANT

A vous est du reffuser
  Assez et de me estre fiere,
Mais non pas de me ruser
4    De l'amour, ma dame chiere,
Qu'ai a vous, tout me soit chiere,
Sans ja departir, plevye,
7    Car c'est a mort et a vie.

Et m'agrée d'y user                    *fol. 376 d*
Mes dolens jours, quelque chiere
Que me faciez; sans ruser
11    Le vous dy : plus tost en biere
Seroie qu'en fusse arriere
N'estre n'en pourroit ravie,
14    Car c'est a mort et a vie.

Et, s'en vain y puis muser
Et que de oeil ne de maniere

Ne de bien dont puisse user
18   Chose n'aye que je quiere
De vous, par qui fault que acquiere
Mort, n'ay d'en retraire envie,
21   Car c'est a mort et a vie.

Prince, est ce droit que on me fiere
A mort pour amour entiere
Porter? Fault que j'en devie,
25   Car c'est a mort et a vie.

## IV. — La dame

Vous perdez vostre lengaige,
   Je le vous dy plainement,
Pou y arés d'avantaige
D'y muser plus longuement.
5   Et que y vault le preschement,
Cuidiez vous que me rigole?
Je n'en feray autrement,
Ne m'en tenez plus parole,
9   Je vous en pry chierement.

Car amer ne fol ne sage
Ne un ne autre vraiement
Ne vueil ne n'en sçay l'usage,
Croiez le ainsi fermement.
14   Ne sçay quel alegement
Demandez, n'est que frivole,
Je croy que tout homme y ment,
Ne m'en tenez plus parole,    *fol. 377 a*
18   Je vous en pry chierement.

Et voy cy bien droite rage,
Que me cuidiez tellement

Enchanter que autre corage
Aye que au commencement;
23    N'y trouverés changement,
Je n'ay pas pensée mole;
Et se respons rudement,
Ne m'en tenez plus parole,
27    Je vous en pry chierement.


Dames, respondez briefment
A qui vous prie ensement :
Ne m'en tenez plus parole,
31    Je vous en pry chierement.


### V. — L'amant

Vostre escondit m'est si dur a porter
    Qu'il n'est chose que estre me peust plus dure,
Et me vendroit tantost mort emporter
4    S'Espoir n'estoit, mais il a pris en cure
Le mal que j'ay et m'aferme et me jure
Qu'aray secours et le puis desservir
7    Par obeïr, souffrir et bien servir.


Quoy que m'aiez, pour moy desconforter,
Mis en reffus, Espoir dit que si sure
Ja ne serés que vo cuer ennorter
11    Ne voit Amours quelque fois, quoy qu'il dure,
Que vous m'amiez, si me dit que j'endure,
Car avoir puis mercy par m'aservir,
14    Par obeïr, souffrir et bien servir.


Dont je me vueil desormais deporter
De mener dueil et mettre entente et cure
A vous servir et pour me conforter,

18    En esperant estre gay, et l'ardure
       Que j'ay en cuer endurer sans murmure, *fol. 377 b*
       Puis que Espoir dit que vo cuer puis ravir
21    Par obeïr, souffrir et bien servir.

       Belle, plaisant plus que autre creature,
       Vous et Amours me feriez grant injure
       S'en dueil mes jours me failloit asouvir
25    Par obeïr, souffrir et bien servir.


## VI. — La dame

A<sup></sup>YME qui vouldra amer,
    Quant a moy je n'en fois conte,
       Joye avoir n'en quier n'amer,
4    Folz est qui riens y aconte,
       Car s'onneur en vient ou honte,
       Joye ou se de dueil est porte,
7    Aux ouvriers je m'en raporte.

       Mais je voy dolens nommer
       Souvent tous ceulx qu'Amours dompte,
       Mains en sont peris en mer,
11    Autres occis a grant compte,
       Si est digne que on l'effronte
       Qui amour vuet de tel sorte ;
14    Aux ouvriers je m'en raporte.

       Voit on nul eureux clamer
       En la fin, qui a droit conte,
       Pour celle amour qui blasmer
18    Fait maint et ne vault ne monte,
       Foloyer roy, duc et conte,

Fait, et gent de toute sorte;
21     Aux ouvriers je m'en raporte.


Prince, qui bien le raconte,
Amours n'est que le mesconte
De droit ou raison est morte;
25     Aux ouvriers je m'en raporte,


### VII. — L'AMANT.


Quoy que je ne soye amez          *fol. 377 c*
      Et que tant vous treuve ombrage,
Mon cuer tellement fermez
4     Est en vous que tout mon age
Vostre, soit sens ou folàge,
Seray, ma belle maistresce.
Je prendrày en ce servage
8     Vie ou mort, joye ou destresce.


N'en doit estre Amours blasmez
Se je lui ay fait hommage
Ne moy fol ne diffamez,
12     Car ce m'est grant avantage
D'estre en si doulz seignourage
Ou de tous biens prens l'adresce.
Si me donnez pour partage
16     Vie ou mort, joye ou destresce.


Mais j'espoir qu'encor clamez,
Quoy qu'adès soiez sauvage,
Seray de vous et nommez
20     Amy, et que yeulx et visage


VII. — 4 *Ms.* aage

Vous beseray, belle et sage;
Dieu doint que tost y adresce!
Car j'ai soubz vo bailliaige
24      Vie ou mort, joye ou destresce.

Princesse, ou mon cuer en gaige
Est, et qui mes fais radresce,
Qu'aray je pour heritaige,
28      Vie ou mort, joye ou destresce?

## VIII. — La dame.

Ne trop ne pou au cuer me sens frappée
Des dars d'Amours que on dit qui font grant guerre
A mainte gent, mais ne suis atrappée
La Dieu mercy! es las ne en la serre
        Du dieu d'Amours.
Je ne lui fais requestes ne clamours,
Je vif sans lui en plaisance et en joye, *fol. 377 d*
8       Par amour n'aim ne amer ne vouldroie.

Ne n'ay paour que je soie happée
Ne par regars, par dons ne par long erre,
Ne par parler mignot enveloppée,
Car il n'est homs qui mon cuer peust acquerre;
13          Ne a secours
N'y viegne nul, car escondit le cours
De moy seroit, et tantost lui diroie :
16      Par amours n'aim ne amer ne vouldroie.

Et beau mocquier m'ay de femme atrappée
En tel donger ou mieulx lui vaulsist querre
Pour soy tuer ou coustel ou espée,
Car perdu a du tout honneur sur terre.

21        Pour ce a toujours
En cest estat je pense user mes jours,
A tous diray, s'il avient que on m'en proie :
24    Par amours n'aim ne amer ne vouldroie.


Prince d'amours, a vo Côurt que feroie?
26    Par amours n'aim ne amer ne vouldroie.


IX. — L'AMANT. — COMPLAINTE A AMOURS.


A MOURS, vueilliez moy vengier
   De l'orguilleuse d'amours
Qui ne daigne assouagier
4    Mes angoisseuses doulours.
Je n'ay fors a toy recours
Du mal dont suis dehaitié.
Ma vie va en decours
8    Pour la belle sans pitié.


Elle me fait enragier,
Car plus apperçoit mes plours,
Moins conte en tient, n'alegier
12    Ne les veult, ains le rebours
De mes plaisirs fait tousjours,    *fol. 378 a*
C'est bien petit d'amistié.
Mourray je dont sans secours
16    Pour la belle sans pitié?


Mais, s'il te plaisoit, changier
Feroies bientost ses mours,
Car tout mettre en ton dongier
20    Pues folz et sages ; dont cours
A mon ayde et mes labours
Au moins guerdonne a moitié,

Si n'acourcisse mes jours
24.     Pour la belle sans pitié.

Dieu et prince, mie sours
Ne soiez a mon dictié,
Voy le mal ou suis encours
28     Pour la belle sans pitié.

### X. — AMOURS A LA DAME.

TROP est folle ta vantise,
    Ma fillette belle et gente,
Qui cuidiez qu'en telle guise
4     Amours te lait ta jouvente
Passer sans avoir entente
Aux plaisans biens amoureux
Qui maint cas mettent en vente,
8     Puis joyeux, puis doulereux.

N'en ert pas a ta devise,
N'est drois qu'Amours s'i consente,
Ains fauldra, je t'en avise,
12     Que ton jeune et gay cuer sente
Le dart d'Amours qui de rente
T'envoiera desireux
Pensers par diverse sente,
16     Puis joyeux, puis doulereux.

Et se tu es donc requise
De bel et bon, sans qu'il mente,
Un doulz regart par franchise

---

X. — *17-28 Ces vers omis par le copiste ont été ajoutés dans la
marge inférieure par une main contemporaine.*

20      Ait au moins sans longue atente.
        Que te vault estre si lente
        Pour le tenir langoureux?
        Souspirs giete plus de trente,
24      Puis joyeux, puis doulereux.


        Mignotelle qui bien chante,
        Cuides tu fuïr l'eureux
        Temps qui vient et se presente,
28      Puis joyeux, puis doulereux.


### XI. — L'AMANT.


Tournez voz yeulx vers moy, doulce maistresse,
    Quelque petit, et voyez mon martire *fol. 378 b*
Et comment vif pour vous a grant destresse.
4   Si vous plaise, pour Dieu, estre le mire
    De mes griefs maulx, car riens je ne desire
    Fors vostre amour, chose autre plus ne vueil
    Plus ne demand, c'est tout a quoy je tire
8   Ou que ay' au moins de vous aucun accueil.


    Car, se du tout ne voulez mon aspresce
    Mettre au neant, ne m'aiez si en ire
    Qu'a tout le moins je n'aye aucune adresce
12  De reconfort par regart ou doulx rire
    Ou quelque mot plaisant sans m'escondire
    Si durement, car n'ay autre recueil
    Qu'a vous, belle, ne m'en vueilliez desdire
16  Ou que aye au moins de vous aucun accueil.


    Sera si dur vo cuer qu'en ceste presse
    A tousjours mais me lait ainsi deffrire?
    S'il est ainsi, riens n'est qui me radresse,

20   Je suis perdus, nul mal n'est du mien pire,
    Mais en voz yeulx, pour qui souvent souspire,
    Gist le secours qui peut garir mon dueil,
    Leur doulz regars un pou vers moy se tire,
24   Ou que aye au moins de vous aucun accueil.


    Belle plaisant qu'Amours m'a fait eslire,
    Ayez pitié du mal dont je me dueil;
    Secourez moy, car je fons com la cire,
28   Ou que aye au moins de vous aucun accueil.


### XII. — La dame


S<sub></sub>E j'estoie certaine que on m'amast,
   Sans requerir ne penser villenie,
    Et qu'a l'amant, sans plus, que on le clamast
    Trés doulz amy souffisist, pas ne nie
5           Que ce ne fust
    Vie plaisant qu'amer et qu'el ne deust
    Plaire a toute dame, tant soit parfaicte,
8    Mais autrement me doubt qu'amours soit faicte. *fol. 378 c*


    Et droit seroit que la dame on blasmast
    Qui ne vouldroit d'amy estre garnie,
    Bon et loyal, qui dame la nommast,
    Quant ne seroit de son honneur banie
13         Et que elle sceust
    Que loyauté telle a tousjours lui eust,
    Du refuser seroit fole parfaicte,
16    Mais autrement me doubt qu'amours soit faicte.


    Pour ce de paour que on m'en diffamast,
    Ou que fusse par faulx semblant honnie,
    N'oseroie, quoy que on m'en affermast,

Nullui amer, qui que s'en ensonnie ;
21          Mais, se estre peust
Content tel sçay qu'en grace on le receust,
M'amour aroit sans que honneur fust deffaicte,
24     Mais autrement me doubt qu'amours soit faicte.

Prince, on me dit qu'en seroie reffaicte,
26     Mais autrement me doubt qu'amours soit faicte.

## XIII. — L'amant

Ha! trés doulz yeulx, plains d'amoureux lïens,
    Vous plaist il dont a mes maulx conforter !
Un seul regart de vous ja tant de biens
4     M'a fait qu'en moy sens aucques deporter
Le grief assault, que j'avoye a porter,
Du desespoir de jamais avenir
7     A vostre amour, belle, ou tens a venir.

Doulce pitié, ainsi com je le tiens,
Un petiot est allée enorter
Vostre doulz cuer, qu'il vueille en quelque riens,
11     Les trés griefs maulx que j'ay reconforter,
Et ce m'a fait le regart aporter
Qui esperer me fait a parvenir
14     A vostre amour, belle, ou tens a venir.

Or suis garis, et reschappé me tiens     *fol. 378 d*
Puis qu'a pitié je m'en puis raporter
Qui doulz regart resveille et ses maintiens,
18     Car tous mes maulx chacent, et raporter
Pour dueil soulas me font et deporter
Joyeusement, pensant par souvenir
21     A vostre amour, belle, ou tens a venir.

Dame, tout temps vous plevi me tenir
23    A vostre amour, belle, ou tens a venir.

### XIV. — La dame

Se je suis adès pensive,
  Plus que ne sueil, devenue,
A bon droit, car si soubtive
4    Femme au jour d'ui n'est tenue
Que, se elle avoit soustenue
Tant la peine qui m'empire
Pour contre Amours estriver
Comme j'ay, je l'ose dire,
9    Qui n'eust paour d'y arriver.

Mais, tant quan je puis, j'estrive
A l'amoureuse tenue,
Quoy que le plus bel que vive
13    Souvent de sa retenue
Me presse, et sa survenue,
Tout non obstant l'escondire,
Me plaist; cuer n'est, tant sauver
Se sceust, sentant tel martire,
18    Qui n'eust paour d'y arriver.

Car amours en moy s'avive
Par trés plaisant souvenue,
D'autre part je suis craintive
22    Que honneur n'y feust maintenue,
Et ainsi me sens si nue
De conseil que trouver mire
N'y sçay ne m'en bien laver.
Ou pourroit on celle eslire    *fol. 379 a*
27    Qui n'eust paour d'y arriver?

Prince, quant Amours fort tire
Vers sa rive et vent lever
Fait, ou est cuer, tant sceust fuire,
31      Qui n'eust paour d'y arriver?


## XV. — L'AMANT

Se la trés plaisant promesse
De vostre amoureux regart,
Qui trés doulcement my blesse,
4       Ne me ment, je n'ay regart
De perir ne tost ne tart
          Ne mal avoir,
7       Dieu doint qu'il me die voir!

Et tant m'est de grant richesse
Que quant sur moy il s'espart,
Soit ou par ville ou a messe,
11      Il m'est vis, se Dieu me gart,
Qu'a droit comble j'ay grant part
          De tout avoir,
14      Dieu doint qu'il me die voir!

Mais, ma trés doulce maistresse,
Se de traÿr savoit l'art,
Je seroie de haultesse
18      Mis en exil, mais a part
Espoir m'aseure et n'en part
          Ne main ne soir.
21      Dieu doint qu'il me die voir!

Belle, de veoir m'est tart
L'ueil duquel me fait le dart
          Tout esmouvoir.
25      Dieu doint qu'il me die voir!

## XVI. — LA DAME.

JE ne sçay auquel entendre,                    *f. 379 b*
   De tous lez suis assaillie,
Amours m'asault pour moy prendre,
4   Dont toute suis tressaillie,
Car d'autre part rassaillie
Suis de Honneur qui Paour assemble,
Et chantent d'autre façon,
Dont souvent je sue et tremble
9   En escoutant leur leçon.

Dieux! ou me pourray je prendre?
Car raison m'est deffaillie
Tant me vient Amours surprendre,
13   Et si sçay que mal baillie
En seroie et accueillie
De mesdisans, ce me semble,
Qui cornent laide chançon,
Dont souvent je sue et tremble
18   En escoutant leur leçon.

Ou pourray je voie aprendre
Par quoy en moy fust faillie
Ceste pensée? Car rendre
22   Ne me vueil en la baillie
De l'amour ou suis saillie.
Ainsi .II. vouloirs ensemble
Mettent en moy la friçon,
Dont souvent je sue et tremble
27   En escoutant leur leçon.

Doulz prince, Amours mon cuer emble,
Raison rechante autre son,

Dont souvent je sue et tremble
31    En escoutant leur leçon.


## XVII. — L'AMANT

Un doulz accueil par regart convoyé,
    D'un gracieux salu acompaigné,
Que voz doulz yeulx, belle, m'ont envoyé,
4    Ont ja mon cuer de tout mal eslongné. *f. 379 c*
Si vous mercy quant vous avez daigné,
Pour me garir, vers moy tourner vostre oeil
7    En saluant doulcement sans orgueil.


Or congnois je que je suis avoyé
A joyeux port ; amours ont besongné
Pour mon secours, si ay bien emploié
11    Tous mes labours, plus ne seray baigné
En amers plours se ne suis engigné.
J'ay apperceu, me semble, vo bon vueil
14    En saluant doulcement sans orgueil.


Ha ! se pouoye estre tant festoyé
De bel accueil, sans plus, qu'eusse gaingné
Un seul baisier par amours octroyé,
18    Adont seroit du tout mon mal rongné ;
Mais je l'aray, ce me fu tesmoigné
Par bon espoir, hersoir, dessus vo sueil,
21    En saluant doulcement sans orgueil.


Octroyez le i et m'en faictes reccueil
24    En saluant doulcement sans orgueil.

## XVIII. — La dame

Certes, tant suis de près prise
  Que ne sçay quel part tourner :
Amours m'assault et atise,
4    Et plus me cuid destourner
Plus me sens mal atourner.
Ne sçay quel response rendre.
7    Hé Dieux ! me fauldra il rendre ?

Car quant cil, qui m'amour quise
A long temps sans qu'asener
M'y voulsisse en nulle guise,
11    Je voy vers moy retourner
Pour moy prier sans finer,
Ne sçay quel response rendre.
14    Hé Dieux ! me fauldra il rendre ?    *f. 379 d*

Si doulcement me devise
Comment m'ayme et que donner
M'amour, que tant a requise,
18    Je lui vueille et pardonner
Qu'il m'en ose araisonner,
Ne sçay quel response rendre.
21    Hé Dieux ! me fauldra il rendre ?

Amours, vueilliez ordonner
De moy, car au parfiner
Ne sçay quel response rendre.
25    Hé Dieux ! me fauldra il rendre ?

## XIX. — L'AMANT

QUANT vous savez que vostre sans partir
    Suis, trés plaisant, bonne, gente et jolie,
Et que vous vault me faire tant sentir
D'ennuyeux maulx et de merencolie?
5          Et se doubtez
Qu'ainsi ne soit, toute peine mettez
A m'essayer, et lors ne m'amez point
8    Quant je seray faulx trouvé en nul point.

Assez langui ay com povre martir,
Souffise vous, vueilliez a chiere lie
A moy, vo serf, vostre amour consentir
Sans que reffus plus la me contralie.
13       Ja arrestez
Y suis long temps, joye me raportez,
Car bien, honneur, confort Dieu ne me doint
16    Quant je seré faulx trouvé en nul point.

Et vous promet et jure sans mentir
Que fors vo vueil, ne par sens ne folie,
Ja ne feray n'en querray departir.
Vostre seray sans que autre m'alie;
21       Or vous hastez
De me garir et ma douleur ostez,     *f. 380 a*
Et de tout bien soye du tout despoint
24    Quant je seré faulx trouvé en nul point.

Belle, ne quier jamais qu'on me pardoint
26    Quant je seré faulx trouvé en nul point.

## XX. — LA DAME

SE j'estoie bien certaine
  Que tout vostre cuer fust mien
Et sans pensée villaine
4    M'amissiez, je vous dy bien,
Que tant vous vueil ja de bien,
Que m'amour vostre seroit
7    N'autre jamais ne l'aroit.

Mais mains hommes par grant peine
Font a croire, et n'en est rien,
Que ilz ayment d'amour certaine
11    Les dames, et par maintien
Faulx font tant que on leur dit : « Tien
Mon cuer qui tien est de droit,
14    N'autre jamais ne l'aroit ».

Par quoy s'ainsi amour vaine
M'avugloit sur toute rien
Me seroit douleur grevaine ;
18    Mais s'estiez en tel lïen,
Comme vous dictes, je tien,
Que mon penser s'i donroit
21    N'autre jamais ne l'aroit.

Le cuer dit : « Je vous retien » ;
Mais doubtance y met du sien,
Mon vueil point ne vous lairoit
25    N'autre jamais ne l'aroit.

## XXI. — L'AMANT

Hé las! pour quoy, belle, faictes vous doubte
  Qu'entierement ne soye a vous donnez
Quant vous voyez que mon entente toute *f. 380 b*
4  N'est autre part et que si mal menez
      Pour vous je suis
Que nul bien n'ay n'aucun repos né truis,
    Tant mal m'avoy,
8  Ne je ne puis durer se ne vous voy.

Appercevoir le puet bien qui voit goute
  L'amoureux coup, dont suis mal atournez,
Que j'ay receu par voz yeulx, qui me boute
12  En mal de mort, se tost n'en ordonnez;
      Et, quant vous puis
Choisir, mes yeulx, qui n'ont autres deduis,
    Vous font convoy,
16  Ne je ne puis durer se ne vous voy.

Chacez donger, belle, qui me deboute,
  Et celle paour par qui tant me tenez
En grief langour ; or soit durté deroute,
20  Et par pitié tout mon fait demenez,
      N'ainsi destruis
Ne soye, hé las ! a vous seulle j'affuis
    Pour tout renvoy,
24  Ne je ne puis durer se ne vous voy.

      Les griefs ennuys
Mettez a chief, belle, ou suis jour et nuys
    En dur desvoy,
28  Ne je ne puis durer se ne vous voy.

## XXII. — La dame

Follement me suis vantée,
  Or le puis apparcevoir,
Qui cuidoie estre arrestée
Plus que autre et que decevoir
5  Amours ne me peust n'avoir ;
Mais or congnois ma folie,
Riens n'y vault le contrester,
Amours trop me contralie,
9  Pouoir n'ay de m'en oster.        *f. 380 c*

Cuidoie estre en sens montée
Plus qu'autre, en greigneur savoir
Que Salemon : asotée
Bien estoie, a dire voir ;
14  Et qui y aroit pouoir ?
Quant a moy, si fort me lie
Qu'en place ne puis ester ;
Amours trop me contralie,
18  Pouoir n'ay de m'en oster.

Et ja si avant boutée
Y suis que c'est sans ravoir,
Par quoy rendre com matée
M'esteut, j'en ay mon devoir
23  Assez fait d'en desmouvoir
Mon cuer, mais plus s'i ralie
Quant vueil l'en amonnester.
Amours trop me contralie,
27  Pouoir n'ay de m'en oster.

Prince, il fault que m'umilie,
Plus ne m'y puis tempester.

Amours trop me contralie,
31    Pouoir n'ay de m'en oster.


### XXIII. — L'AMANT

JE vous supply humblement, doulce dame,
    Qu'il vous plaise trouver maniere et voye
Qu'a vous puisse parler, car vostre blasme
4    Redoubte tant qu'en maison ou en voye,
Ne autre part que soit, ou que vous voye,
Hardement n'ay de le vous aler dire
7    Pour mesdisans que Dieu vueille maudire.

Car vostre honneur plus que mon corps ne m'ame
Je vueil garder; neiz se mourir devoie
Ne vouldroie faire chose ou diffame
11    Peussiez avoir, quelque grief que m'envoye *f. 38 o d*
Loyalle amour qui me frit et desvoye,
Mais non pour tant je n'ose, ains loings m'en tire
14    Pour mesdisans que Dieu vueille maudire.

Et s'ay tel fain qu'a pou que je ne pasme
De vous conter comment Amours m'avoye
Pour vostre amour qui mon cuer tient en flame ;
18    Mieulx m'en seroit se dit le vous avoye.
Or y trouvez, trés belle, aucune avoye,
Car devant gent chemin n'y sçay eslire
21    Pour mesdisans que Dieu vueille maudire.

Belle, vers vous n'ose aler, dont souspire
23    Pour mesdisans que Dieu vueille maudire.

XXIII. — 15 *Ms.* sçay

## XXIV. — La dame

Sᴇ vous me voulez promettre,
Loyaument jurer sur Sains,
Que m'amerés sans remettre
Si que vous dictes, ne fains
5    N'estes en voz durs complains,
L'amour qu'avez demandée
J'acorde et que demandez,
Mais que honneur y soit gardée,
9    Autrement ne l'entendez.

Car je vous dy a la lettre,
Et de ce soiez certains,
Que pour riens qui en puist naistre
Jamais riens dont vaille mains
14   N'y feray, vous jur les Sains.
Si n'y ert plus retardée
La requeste ou vous tendez,
Mais que honneur y soit gardée,
18   Autrement ne l'entendez.

C'est m'entente, s'il puet estre,
Qu'il vous plaise ainsi, et, que ains
En jurant vous voye mettre
Dessus le livre les mains
23   Que n'en ferés plus ne mains
Sans que j'en soye fraudée                *f. 381 a*
Et qu'a moy tout vous rendez,
Mais que honneur y soit gardée,
27   Autrement ne l'entendez.

M'amour vous est accordée
Se a ce vous accordez,

Mais que honneur y soit gardée,
31    Autrement ne l'entendez.


## XXV. — L'AMANT

BELLE plaisant, pour qui plus ne puis vivre
Se mercy n'ay, soiez toute asseurée,
Car je vous jur sur Sains dessus le livre
Que jamais jour ne sera procurée
5    Chose par moy dont aiez desplaisir,
Car riens ne vueil fors que vo doulz plaisir,
Vo seul vouloir est tout cellui de my,
Obeïr doy, je n'ay autre desir,
9    Il me souffit qu'aye le nom d'amy.

Et qu'aye aussi vostre amour a delivre
En tout honneur, par ce sera curée
Ma trés pesant maladie et delivre
Ne ja ma foy n'en sera parjurée,
14    N'en doubtez point, si me vueilliez choisir
Pour vostre amant et de l'amour saisir
Que je desir, pour qui tant ay gemy,
Donnez la moy tandis qu'avez loisir,
18    Il me souffit qu'aye le nom d'amy.

Et se vo cuer telle grace me livre
Oncques si grant ne me fu aürée,
Si emploieray en vous servant mon vivre
Sans m'en partir tant quan j'aray durée.
23    Hé las ! m'amour, vueilliez vous dessaisir
De ce dongier, ne me laissiez gesir
Plus ou point ou bon jour n'ay ne demy,
Pour ma douleur un petit amesir,
27    Il me souffit qu'aye le nom d'amy.        *f. 381 d*

Prince, priez ma dame qu'adoulcir
Vueille le mal dont je tremble et fremy
Et que l'octroy me doint que je desir,
31    Il me souffit qu'aye le nom d'amy.


## XXVI. — LA DAME

Assez lonc temps a duré vo martire,
     Souffire doit par droit, a dire voir,
Mais de tant plus qu'avez souffert, beau sire,
4    Tant plus devez de moy de bien avoir
Se vers Amours vueil faire mon devoir,
Et pour ce, amis, pour vous rendre guerdon,
En doulcement baisant par bon vouloir
8    Toute m'amour je vous octroie en don.

Et certes mieulx je ne pourroye eslire,
Car de valour, de grace et de savoir
Et de tout ce que l'en pourroit bon dire
12    Estes remply, et, si puis bien savoir
Qu'estes tout mien et que cuer et chaloir
Y emploiez tout entierement, dont
A fin que mieulx vous en peussiez valoir,
16    Toute m'amour je vous octroye en don.

Trés doulz amy, et puis qu'Amours me tire
A vous amer vueilliez sans decevoir
Toudis m'amer, ne vo cuer ne s'empire
20    Vers loyaulté qui mieulx vault que autre avoir,
Et quant a moy, cuer et corps et pouoir,
M'onneur gardant, du tout vous abandon :
A brief dire, sans jamais le ravoir,
24    Toute m'amour je vous octroye en don.

Trés bel et bon, toudis vueilliez m'avoir
En loyauté, et je tiens qu'a bandon
De doulz plaisirs arons en cel espoir ;
28      Toute m'amour je vous octroye en don.


### XXVII. — L'AMANT                    *f. 381 c*

S  E humblement comme plus puis
   Mais tant comme je doy non mie
    Vous mercy, belle a qui serf suis,
4       De ce que vous plaist m'estre amie
        Si que m'avez ressuscité
        Et pitié eu de ma clamour,
        Dont je suis hors d'aversité
8       Par le don de vo doulce amour.

        De tout bien m'avez ouvert l'uis,
        Plus n'aray la couleur blemie
        Puis que par vous seray conduis,
12      Joye en moy sera desdormie.
        Qui me eust donné une cité
        Tel joye en moy ne feist demour.
        Je suis hors de necessité
16      Par le don de vo doulce amour.

        Et je seray desormais duis
        Sans laissier heure ne demie
        De vous servir, c'ert mes deduis ;
20      Puis qu'Amours ma doulce anemie
        A tournée en benignité
        Je vivray en plaisant cremour,

Car de mon vueil suis herité
24    Par le don de vo doulce amour.

Dame, par vostre humilité
Il vous plaise qu'en vo demour
Voise et y soye visité
28    Par le don de vo doulce amour.


## XXVIII. — La dame

Trés doulz amy, que j'aim sur tous et prise,
    Je lo Amours par qui j'ay esté prise
Et vous aussi quant vous faictes l'emprise
4          Pour moy surprendre,
Car je sens ja qu'en la doulce pourprise
D'Amours, par vous, de qui je suis surprise, *f. 381 d*
Grant joye aray, et que de l'entreprise
8          Bien m'en doit prendre.

Mais j'ay long temps fait comme mal aprise
De mettre tant dont doy estre reprise
A vous amer, Dieu lo quant m'y suis prise,
12          Car sans mesprendre
Vous puis amer, car on ne me desprise
D'estre d'omme si trés vaillant esprise.
Puis qu'estes tel que nul ne vous mesprise
16          Bien m'en doit prendre.

Or suis vostre : par droit m'avez acquise,
Plus n'est mestier que j'en soye requise,
Amours le veult, et la voye avez quise
20          A mon cuer prendre
Sans mal engin par trés loyal pourquise,
Ce sçay de vray, je m'en suis bien enquise,

Et quant ainsi me plaist en toute guise
24        Bien m'en doit prendre.

    Ainsi aprendre
Vous m'avez fait, doulz amy, la devise
De tours d'Amours que chascun pas n'avise,
Mais puis qu'amy ay tout a ma devise
29        Bien m'en doit prendre.


## XXIX. — L'AMANT

C'EST sans retolir jamais
        Que remais
Suis soubz vostre seignourie
4        Ou garie
Est la grief peine ou j'estoye
        Et qu'avoye,
Dont vous mercy, damoiselle
8        Toute belle.

Bien vous doy servir quant trais
        Et retrais                    *f. 382 a*
M'avez de la desverie
12        Ou perie
Ma vie estoit et n'avoye
        Bien ne joye,
Mais or ay autre nouvelle,
16        Toute belle.

Si me feront voz doulz trais,
        Tous parfais,
Vivre en plaisance serie
20        Qui tarie
Ja ne sera, c'est la proye
        Qui resjoye

Mon cuer qui souvent appelle,
24          Toute belle.


          Ou que soye,
Certes bien doy querir voye
De servir m'amour nouvelle,
20          Toute belle.


## XXX. — La dame


D<sup>E</sup> bonne heure fus je née
        Quant Amours m'a assenée
          Et donnée
Au meilleur que on peust eslire ;
5   Je ne pourroie descripre
          Ne tous dire
Ses grans biens, il n'a pareil
Et veult en tout appareil
9          Ce que je vueil.


Ha ! quel plaisant destinée
M'a joyeux eur amenée
          Ceste année
Et Amours, Dieu le lui mire,
14   Quant de m'amour ay fait, sire,
          Sans desdire,
Tel que grant joye en recueil          *f. 382 b*
Et a qui plaist sans desueil
18          Ce que je vueil.


Si me suis toute ordonnée
A l'amer, ne deffinée
          Ne finée
N'iert ja l'amour qui souffire
23   Me doit bien, car je me mire

Et remire
En sa beauté sans orgueil,
Et il fait en tout accueil
27          Ce que je vueil.

Prince, je suis sur le sueil
De joye quant voy a l'ueil
30          Ce que je vueil.


## XXXI. — L'AMANT

A UTRE plaisir ne autre entente
  N'ay, ne cuidiez que je mente,
Qu'a vous seulle et c'est la rente
Qu'Amours en don et en vente
5          En toute place
Me met au devant, n'espace
N'ay qu'autre chose je face
Fors vous servir, ne m'en lasse :
C'est de tous mes fais la mace,
10          Ma dame gente.

Car vous seulle estes la sente
Qui de mon bien est l'atente,
L'escot ou mon espoir sente,
Dont souvenir me presente
15          La doulce face
En tous lieux, ne riens n'efface
La pensée qui m'enlace,
N'autre chose je ne brace
Mais qu'a estre en vostre grace,
20          Ma dame gente.          *f. 382 c*

Et si doulcement m'entente
Vostre oeil, quant m'estes presente,

Que droit est [que] me consente
A lui sans que m'en repente;
25              Amours m'y lasse
Qui mon cuer fiert sans menace
Par doulz regart qui me chace
Vers vo biauté qui tout passe,
Et tout ce bien me pourchace,
30              Ma dame gente.

Par vostre grace,
Belle, qui chemin et trace
Estes qui ma joye entasse,
Jusqu'a ce que je trespasse,
Vueilliez que l'amour ne casse,
36              Ma dame gente.


XXXII. — La dame et l'amant

Mon doulz amy, venez a moy parler.
     — Trés volentiers, ma dame, a lie chiere.
— Or me dictes, amis, sans riens celer.
4      — Que vous diray, ma doulce dame chiere?
          — Se vo cuer est en moy entez?
          — Ouÿl, tout, dame, n'en doubtez.
          — Certes, si est en vous le mien.
8      — Grant mercis, belle, or amons bien.

Mestier n'arés de vous plus adouler.
     — Non, puis que j'ay vo doulce amour entiere.
     — M'onneur gardant, vous plaist il m'acoler?
12     — Hé las! ma dame, autre chose n'ay chiere.
          — Gardez bien, ne vous en vantez.
          — Mieulx vouldroie estre en mer boutez.
          — Mon cuer te donne pour le tien.
16     — Grant mercis, belle, or amons bien.

Vous plaira il ainsi sans saouler?          *f. 382 d*
— Quoy ? maistresse, de mon bien la lumiere.
— Qu'ayez baisier sans plus au long aler.
20    — Il me souffit vo voulenté plainiere.
        — Amis, grant foy me portez.
        — Proumis vous ci a estre telz.
        — Si vous feray assez de bien.
24      — Grant mercis, belle, or amons bien.


A tout mon vueil vous consentez?
— Ce fois mon, g'y suis arrestez.
— Si t'ameray plus que autre rien.
28    — Grant mercis, belle, or amons bien.


### XXXIII. — L'AMANT


S uis je bien remply de joye,
  Ay je mestier d'autre chose
Quant celle ou mon cuer repose
4     M'a dit que s'amour est moye ?
Or ay quanque je vouloie,
Toute douleur m'est hors close,
Amours m'a a la parclose
8     Mis de tout honneur en voie.


Dont est bien droit que m'employe
A estre bon, car dire ose
Que la fresche comme rose
12    Tient de loyauté la voye
Et elle s'amour m'octroye.
Si voy bien qu'Amours m'alose
Quant m'a, si que je suppose,
16    Mis de tout honneur en voye.

Si seray gay, ou que soye,
Pour elle a qui tout m'expose
Et a estre tel propose
20   Que chascun meilleur m'en voye.
Droit est que faire le doye
Quant tel amour est enclose
A moy qui m'a sans forclose    *f. 383 a*
24   Mis de tout honneur en voye.

Prince, celle qui m'envoye
Tout bien, se ne s'i oppose,
M'a en leesse desclose
28   Mis de tout honneur en voie.

## XXXIV. — La dame

Tienne toute
    Suis sans doubte,
Mon bel amy gracïeux,
4      Et j'en vaulx mieulx
De corps et d'ame,
Ne choisir ne pourroit dame
     Mieulx sans faille,
8   Car autre n'est qui te vaille.

    Ne ja route
    Grain ne goute
Tu ne verras, se m'aist Dieux,
12      Juene ne vieux,
    Non fera ame,
Ceste amour dont je n'ay blasme
     Ou que j'aille,
16   Car autre n'est qui te vaille.

Or escoute,
Ne redoubte
Riens, car il n'a soubz les cieulx
20    Tel a mes yeulx,
Dont dessoubz lame
Est mon corps ains que la flame
En deffaille,
24    Car autre n'est qui te vaille.


Ne reclame
Que toy seul que amy je clame
Sans que faille,
28    Car autre n'est qui te vaille.        *f. 383 b*


## XXXV. — L'AMANT


Puis que vous m'avez retenu,
        Ma dame belle,
Pour vostre, vo vueil m'ordenez,
4    Car a obeïr suis tenu
        Si comme a celle
A qui serf suis lige donnez;
Si commandez de vostre grace
8    Ce qu'il vous plaira que je face.


Quant a Pitié a souvenu
        De la querelle
Dont je m'estoye tant penez,
12    A tout bien je suis avenu,
        N'il n'est nouvelle
Qui me feist estre a dueil tournez,
Mais que sache, ains que long temps passe,
16    Ce qu'il vous plaira que je face.

Ce que vous dy sera tenu,
  Et j'en appelle
Amours en tesmoing qui menez
20 M'a au bien ou je suis venu
  En la nouvelle
Saison ou yver est finez;
Si me dictes a lie face
24 Ce qu'il vous plaira que je face.


Faire vueil, dame, en toute place
26 Ce qu'il vous plaira que je face.


## XXXVI. — La dame

Puis que as d'obeïr voulenté,
  Amis, soyes secret et sage;
Aimez moy bien parfaictement,
Gardez en tous cas mon honneur;
5 Ensuivre honneur soit ton desir,
Ne soit mesdit en toy enté,
Hez mençonge et son labourage,    *f. 383 c*
Tiens toy pour m'amour liement,
Ayez loyal et ferme cuer,
10 Se tu veulz faire mon plaisir.


Soyes large et entalenté
De donner a joyeux visage
Selon pouoir, et bonnement
Ayde a chascun, mais a nul fueur
15 Ne nuys a nul, prens desplaisir
En orgueil, et soyes renté
De courtoisie et en langaige
Doulz, salue amiablement;
Soyes aux dames serviteur,
20 Se tu veulx faire mon plaisir.

Tout vice mets en orphenté
Hors de toy et de ton usage,
Penses de ton avancement
En vaillance plus qu'a faveur
25    D'argent n'a richesses saisir,
Suis les bons et leur parenté;
Entreprens a ton avantage,
Net et propre en abillement;
Aimes bonté, fuis deshonneur,
3o    Se tu veulz faire mon plaisir.

Et de faillir ayes cremeur,
32    Se tu veulz faire mon plaisir.


## XXXVII. — L'amant

SE me tiens gay, renvoisié, plain de joye,
Cause ay pour quoy, car dame ay belle et bonne
Qui son vray cuer, ce dist elle, me donne.
C'est riche non que vraie amour m'envoye,
5    Sienne mercis, car, se j'estoie sire
De tout le mond me devroit il souffire
D'elle estre amez, car c'est la souveraine
Des trés meilleurs, nulle autres ne la passe;
C'est mon tresor, ma deesse mondaine, *f. 383 d*
10    N'oncques ne vy chose que tant amasse.

Et, quant present elle suis, tant m'esjoye
Son trés plaisant regart qu'il n'est personne
Qui le pensast, et, se elle m'araisonne,
Son doulz parler et sa maniere coye,
15    Son trés biau corps, son vis, son trés doulz rire,
Son gentil port, son maintien, a tout dire
Tant m'agréent qu'il n'est douleur ne peine

Qui me peüst grever en cel espace,
Lors mon regart de s'i mirer se peine,
20    N'oncques ne vy chose que tant amasse.

Hé ! Dieux me doint tenir chemin et voye
Tel qu'a tousjours elle, a qui m'abandonne,
M'ayme ensement, si aray la couronne
Des eüreux amans qu'Amours resjoye ;
25    Puis qu'a ami il lui plaist moy eslire
N'ay je pas dont tout quanque je desire,
Que me fault il mais que Dieu la lait saine,
J'ay tout acquis puis que suis en sa grace,
S'en suis plus liez que Paris n'iert de Helaine,
3o    N'oncques ne vy chose que tant amasse.

Ha ! doulce fleur, ma princesse haultaine,
Aimez moy bien d'amour qui ja ne passe,
Car plus vous aim que moy, chose est certaine,
34    N'oncques ne vy chose que tant amasse.

## XXXVIII. — La dame

Venez vers moy, tres doulz amy, a l'eure
      Que vous savez et si n'y faillez mie,
Car mesdisans ja vuellent courir seure
A nostre amour, dont de paour fremie.
5          Et vous gaictiez
Sagement d'eulx, car ilz sont apointiez
A nous grever, j'en suis toute avisée ;
Si est mestier que nous en donnons garde,
Leur maniere m'a esté devisée ;          *f. 384 a*
1o    Ilz nous nuyront, le feu d'enfer les arde !

Et ne faillez par trop longue demeure
Ne par trop tost venir, car endormie

Ne seray pas, et, se Dieu me seccueure,
Je vous desir de loyal cuer d'amie,
15          Quoy que sentiez
Pareil desir que j'ay, et que mettiez
Un abit brun et robe desguisée
Vous pry, amis, pour decevoir la garde
Que ceulx m'ont mis, ce ne m'est pas risée,
20     Ilz nous nuyront, le feu d'enfer les arde !

Tant me tarde, doulz ami, que j'en pleure
Que soye o vous ou une heure ou demie,
Car a autre bien ne sçay ou je queure
Et sans vous suis comme chose entommie.
25          Bien agaictiez
Ce qu'ilz feront ains que vous vous partiez
Pour y venir, moins seroye prisée
S'on vous veoit, par quoy, quoy qu'il me tarde,
J'ay grant paour d'estre de eulx avisée ;
30     Ilz nous nuyront, le feu d'enfer les arde !

Ha ! doulz ami, je fusse asegrisée
S'estoie entre voz bras, trop suis couarde
Pour mesdisans et leur faulse visée ;
34     Ilz nous nuyront, le feu d'enfer les arde !

### XXXIX. — L'AMANT ET LA DAME

Or suis je vers vous venu,
          Ma doulce loyal maistresse ;
Hé las ! et qui m'eust tenu
D'y venir, ma blonde tresse ?
5     Vous seulle estes ma richesse,

XXXVIII. 14 cuer, *Ms.* amer

Je n'ay autre bien, par m'ame!
Faictes moy joyeuse chiere.
Comment vous est il, ma dame?
9      Baisiez moy, doulce amour chiere.    *f. 384 b*

— Amis, t'est il souvenù
Point de moy? Dis moy que d'esse
Que plus souvent et menu
Ne te voy; as tu promesse
14     Fait a autre ou pour quoy esce?
Ou c'est pour paour de mon blasme?
Tirons nous vers la lumiere
Et m'acole, il n'y a ame;
18     Baisiez moy, doulce amour chiere.

— Dame, ne suis revenu
Plus tost vers vous, qui destrece
M'estoit grant, mais astenu
M'en suis pour la genglaresse
23     Langue d'aucun qui me blesse,
Car doubtoie vo diffame,
Pour ce alay un pou arriere,
De ce a vous je me desblasme,
27     Baisiez moy, doulce amour chiere.

— Doulz ami, mon cuer se pasme
En tes bras, t'alaine entiere
Me flaire plus doulz que basme,
31     Baisiez moy, doulce amour chiere.

XXXIX. 26 *Ms.* desbasme

## XL. — La dame

Qui vid oncque homme semblable ?
Ay je ami a droit souhaid
Bon, bel, sage et amiable ?
4    Tel que chascun de son fait
En grant louenge tient plait ;
Mais tant y a qu'a devise
7    J'en fais du tout a ma guise.

Mon plaisir a agreable
Ne riens ne lui en desplait,
M'onneur garde, n'est pas fable ;
11    Mieulx vauldroit estre deffait          *f. 384 c*
Que s'estre vers moy meffait.
Il m'aime, craint et me prise ;
14    J'en fais du tout a ma guise.

Et quant il m'est si fiable
Qu'en tous cas le truis parfait
Si que riens deshonnorable
18    Ne quiert, puis qu'il me plait
Bien est droiz que joye en ait
Mon cuer, quant par sa franchise
21    J'en fais du tout a ma guise.

Prince, j'ay ami si fait
Que tache ne le deffait
Et, ou que je soye assise,
25    J'en fait du tout a ma guise.

## XLI. — L'amant

Plusieurs jours a passez que ne vous vy,
  Dame plaisant, dont je ne suis pas aise,
Car ne me truis de nul bien assouvy
4  Se ne vous voy, car riens n'est qui me plaise,
  Mais je ne sçay a quoy il tient
Et, je vous pry, mandez moy dont ce vient,
Car j'ay paour que on vous ayt mis en cage
8  Par faulx raport et par mauvais langaige.

Ha! Faulx Parler m'aroit il ja servi
De ses durs mais, et fault il que je taise
Le desplaisir sans l'avoir desservi
12  Qu'aucuns m'ont fait? et riens qui leur desplaise
  Faire n'ose, et quant me souvient
Que vostre honneur de m'en vengier me tient
Je muyr de dueil; si ay tout ce dommage
16  Par faulx raport et par mauvais langaige.

Mais, s'ainsi est que tout mon bien ravi
Me soit par eulx, je jure saint Niquaise
Que telz y a, leur promet et plevi,
20  Acheteront mon angoisseux malaise.   *f. 384 d*
  Hé las! mon mauvais temps revient!
Mais la cause, dame, qui vous detient,
Sache, pour Dieu! et se ay cest avantage
24  Par faulx raport et par mauvais langaige.

Ha! Dieu d'Amours, n'aye pas tel oultrage
26  Par faulx raport et par mauvais langaige.

XLI. 7 *Ms.* v. ay

## XLII. — La dame

Mon ami plaisant et doulz,
   Que aim plus que chose qui soit,
Hé las! et que ferons nous?
4      Car bien voy que on aperçoit
Nostre amour, dont trop me poise,
Ainsi plus ne nous verrons,
Car on veult que hors m'en voise,
8      Je ne sçay que nous ferons.

Et tant me tient le jaloux
Courte que, s'il ne me voit,
Il enrage de courroux;
12     Mais se forsener devoit
Vous verray ja, pour sa noise
Ne lairay, jouer yrons,
Mais se on voit que o vous revoise
16     Je ne sçay que nous ferons.

Au fort se mesdisans tous,
(Aviengne qu'avenir doit!)
L'avoient juré, si vous
20     Verray je souvent, or voit
Si qu'il puet, quelque courtoise
Voye nous y trouverons;
Mais, se ce parler n'acoise,
24     Je ne sçay que nous ferons.

Je ne les prise une boise;
Au fort nous entr'amerons;
Du surplus je m'en racoise:
28     Je ne sçay que nous ferons.    *f. 385 a*

## XLIII. — L'amant

Je muir de dueil, toute joie m'eslongne
   Quant ma dame voy de moy eslongner.
Las! que feray se on la maine en Gascongne,
3    Je suis perdus, en plours fauldra baigner
   Mon dolent cuer qui doit bien ressongner
   Le departir pour perdre tel depport;
7    S'ainsi avient, certes vé me la mort!

Et, se ne fust que son yre ressongne
   Et son honneur que je doy espargnier,
   Je croy que oncques si mauvaise besongne
11    Ne firent ceulx par qui c'est, mais grongnier
   N'en ose, hé las! je puis bien tesmoignier
   Qu'adès perdray de tout mon bien l'aport;
14    S'ainsi avient, certes vé me la mort!

Ha! desloyaulx langues que l'en vous rongne
   Je pry a Dieu, car pour me mahengner
   Avez ce fait par mainte faulx estrongne
18    Aler trouvant; que pouez vous gaingner
   Se celle pers que j'aim sans enginer?
   Que ne verray plus, je croy, mais, au fort
21    S'ainsi avient, certes vé me la mort!

Vous m'oublierés, belle, mon doulz ressort;
23    S'ainsi avient, certes vé me la mort!

## XLIV. — La dame

Ne pleure plus et ne te desconforte,
   Car ton courroux me mectroit a la mort,
Trés doulz ami, ains te jue et deporte,

4 Car nostre fait revendra a bon port,
 Mais il te fault un pou de temps tenir
 De si souvent la ou seray venir,
 Combien que sçay que ce t'iert chose dure,
8 Mais moult souvent le gaigne qui l'endure.

 A moy memes sera chose moult forte *f. 385 b*
 De m'en tenir, mais pour le faulx raport
 Des mesdisans d'environ nostre porte
12 Il le convient, mais le plaisant recort
 L'un de l'autre par plaisant souvenir
 Nous soustendra esperant avenir
 A nostre vueil, quoy que l'atente en dure,
16 Mais moult souvent le gaigne qui l'endure.

 En loyauté, sans tenir voye torte,
 Nous maintendrons toudis en emant fort :
 Par message secret de gentil sorte
20 Conforterons l'un l'autre, ainsi au fort
 Une saison nous pourrons maintenir,
 Par ce pourrons a joye revenir,
 Non obstant que l'atente en soit moult sure,
24 Mais moult souvent le gaigne qui l'endure.

 Mon doulz ami, on nous fait grant injure,
26 Mais moult souvent le gaigne qui l'endure.

## XLV. — L'AMANT

 Pour vostre honneur et pour le mien,
  Belle, un petit me fault partir
 De ce païs, certes combien
4 Que douleur jusque au cuer partir
 De vous eslongner recevray,

Mais, se le corps sera longtain,
Ou que soye, sachiez de vray,
8     Le cuer en ert toudis prouchain.

Mais je vous pry sur toute rien
Que loyauté sans departir
Me teniez, car n'ay autre bien
12    Fors que vous seule, et sans mentir
Onc, puis que de vous me navray
Par regart qui me prist a l'ain
De l'amour ne me decevray;
16    Le cuer en ert toudis prouchain.

Or nous tenons en ce lien       *f. 385 c*
D'amour tous deux sans alentir
Loings et près ; je vous promès bien
20    Que de ma part vueil consentir
Le faire ainsi tant quan vivray,
Et, se ne vous voy soir ne main,
En y pensant si que devray
24    Le cuer en ert toudis prouchain.

De voz nouvelles je savray
Et vous de moy, belle que j'aim,
Jamais autre penser n'avray,
28    Le cuer en ert toudis prouchain.


## XLVI. — La dame

Tel douleur ay, amis, pour ton allée,
  Que je ne sçay se la pourray porter.
Hé las ! comment, ma doulce amour cellée,
Seray sans toy ? car un jour depporter
5       Sans te veoir

M'estoit si grief que ne pouoie avoir
Bien ne repos; comment endureray
Un an ou plus, puet estre, ains que te voye ?
Je ne sçay pas se tant y dureray,
10    Car bien n'aray jusques je te revoye.

Est il besoing adès que mer salée
Passes, amis, pour ma joye emporter?
C'est ton honneur, n'en doy estre adoulée,
Mais non pour tant ne me puis conforter,
15            Pour nul avoir,
De ce que tant seray sans reveoir
Toy, dont confort, je le te jureray,
Tant que seras en ceste longue voye,
Je ne prendray, Dieux scet se pleureray !
20    Car bien n'aray jusques je te revoye.

Et simplement en atour affulée
Et en habit seray, ne depporter
Ne me verra nullui; en recellée          *f. 385 d*
Menray mon dueil, ne homme reconforter
25            A dire voir,
Ne m'en pourroit, ainsi dolent et noir
Aray le cuer et ne procureray
Chose que soit qui a soulas m'avoye,
En ce dolent ennuy me meureray,
30    Car bien n'aray jusques je te revoye.

Mon doulz ami, et si t'asseneray
D'estre en ce point toudis, ou que je soye,
Dont année griefve et trop dure aray,
34    Car bien n'aray jusques je te revoye.

XLVI. — 16 *Ms.* reveioir

## XLVII. — L'AMANT ET LA DAME

MA dame, a Dieu vous viens dire,
  Baisiez moy au departir
Et m'acolez, Dieu vous mire
4    Voz biens et sans repentir
M'amez, maistresse et amie,
Mon cuer laiz en vo demour.
Pour Dieu ne m'oubliez mie,
8    Ma doulce loyal amour.

    — Ha ! doulz amis, oncques pire
Dueil n'ot autre sans mentir,
Car mon cuer sent tel martire
12   Qu'il est aucques au partir.
Ce depart me rent blemie
Et de mourir en cremour.
Pour Dieu, ne m'oubliez mie,
16   Ma doulce loyal amour.

    — Hé ! belle dame, souffire
Doit ce dueil, plus consentir
Ne le pourroie, ostés l'ire
20   Qui vous fait ce mal sentir,
De pitié tout enfremie
Je revendray sans demour.
Pour Dieu, ne m'oubliez mie,    *f. 386 a*
24   Ma doulce loyal amour.

    — A Dieu te dy, suis demie
Morte, n'en verray retour.
Pour Dieu, ne m'oubliez mie,
28   Ma doulce loyal amour.

## XLVIII. — La dame

Seullecte a part, de tristece garnie,
En durs regrais lasse, pensive et morne,
Seray tousjours de leesse banie,
Tant que m'amour du voyage retourne,
5                Ne n'aray bien,
Ou il s'en va, car autre ne m'est rien.
C'est mon tresor, ma richesse amassée,
Ce que je vueil et quier sur toute rien :
9     Il est mon tout, je n'ay autre pensée.

Fors de son fait de riens ne m'ensonnie,
La sont tous les labours ou je me tourne ;
Pour ce doit bien ma joye estre fenie
Quant ce deppart de veoir me destourne
14               Son beau maintien
Et son gent corps qu'il dit qui est tout mien,
Aussi suis je sienne vraie enlassée
Ne reconfort d'alieurs je ne retien :
18    Il est mon tout, je n'ay autre pensée.

Et pour ce m'a de tout bien desgarnie
Son allée qui durement m'atourne,
Et, s'il demeure moult, je suis honnie,
Car la mort m'est si près que elle m'ajourne,
23               Je le sens bien ;
Je me mourray ainsi comme je tien,
Ains son retour je seray trespassée,
Car sans veoir lui seul ne me soustien :
27    Il est mon tout, je n'ay autre pensée.

Prince, or voiez a quel meschief je vien
Par eslongner m'amour, je suis lassée    *f. 386 b*

De vivre, car c'est mon bien terrien :
31.    Il est mon tout, je n'ay autre pensée.


## XLIX. — L'AMANT

Qu'en puis je mais se suis pensif et mourne,
   Ou que je soye, et seul m'en vois a part
La ou souvent en plourant tel m'atourne
4    Qu'il m'est avis que mon povre cuer part,
Quant de la trés plus belle me deppart
Que on peust choisir, si n'est si grant destresse
7    Que d'eslongner sa dame et sa maistresse.

Sa grant beauté qui doulcement s'atourne
Et la bonté dont elle a si grant part,
Cent fois la nuit, je croy, ains qu'il ajourne,
11    Me ramentoit souvenir qui ne part
De moy; mais quant je repense qu'a tart
La reverray, m'est vis qu'il n'est tristesse
14    Que d'eslongner sa dame et sa maistresse.

Si n'ay bien fors quant des gens me destourne
Pour fort penser a elle, que Dieux gart !
Et, de sa part aussi, que je retourne;
18    Bien sçay que riens ne lui est aussi tart
Et que pour moy a maint mal main et tart,
Dont me desplaist; si n'est grief qui tant blesse
21    Que d'eslongner sa dame et sa maistresse.

Vrais fins amans, sachiez qu'il n'est aspresse
23    Que d'eslongner sa dame et sa maistresse.

## L. — L'amant

Or suis venus en contrée longtaine
  Ou garde n'ay de devenir trop gras,
Car pou mengier, dur giste et longue peine,
Ouïr souvent dire : « Tu te rendras,
5    En combatant ou la vie perdras »,
M'en garderont, et le hernois qui poise,
Gesir atout au vent et a la pluye,
Crier a l'arme et des chevaulx la noise, *f. 386 c*
9    Croy que souvent trop plus beau jeu ennuye.

Et en peril de pis, chose est certaine,
Estre navré sans conte et sans rebras
Dessus l'estrain couchié a courte alaine.
Ha ! trop meilleur fait estre entre deux draps,
14   Doulce dame, et vous tenir entre bras !
Mais froit et chault aray ains que y revoise
Se deshonneur n'ay tel que je m'enfuye,
Dont Dieu me gart ! mais, quoy que on s'en racoise,
18   Croy que souvent trop plus beau jeu ennuye.

Ceste feste souffrir mainte sepmaine
Aucunes gens la m'appellent fatras
Qui près du feu devisent, mais pas saine
N'est, pour ceulx qui le corps taint soubz leurs draps
23   En ont de coups ; dire : « Tu y vendras, »
Est trop biau jeu, mais petit s'en renvoise
Qui le mal sent qu'est plus amer que suye.
Non obstant que voulentiers on y voise
27   Croy que souvent trop plus beau jeu ennuye.

Bons et vaillans, qui savez que ce poise,
Quant vous voyez que on vous assault a huye

Et que sur vous maint fort arc on entoise,
31     Croy que souvent trop plus beau jeu ennuye.


LI. — LA DAME


S̲E j'eusse cuer d'avoir aucun bergier
   Amé ou aultre, en qui tant de vaillance
N'eust comme en cil a par qui estrangier
Me fault joye, n'eusse telle dueillance
5     Que j'ay, mais bien folle estoye
De me mettre a l'amer, car bien savoye
Qu'en fais d'armes estoit tout son mestier,
Puis qu'ay si grant dueil pour sa longue voye
9     De tel amer je n'avoye mestier.


Car, se venus or estoit, sans targier     *f. 386 d*
Retourneroit ou que soit; deffaillance
Oncques ne fist; de par tout voyagier
Ne s'en tendroit, je croy, pour toute France.
14     Doncques pour neant larmoye,
Car convendrai que ainsi souvent me voye,
Tenir m'esteut de suivre autre sentier
Ou ainsi fault qu'en grief dueil me desvoye,
18     De tel amer je n'avoye mestier.


Et encor plus fait mon mal engrigier
Le grant soussy que j'ay pour la doubtance
Que son beau corps, ou Amours voult logier
Mon loyal cuer, ait aucune grevance,
23     Car, s'ainsi estoit, mourroye.
Ha! Dieu l'en gart qui le ramaint a joye!
Car le meilleur est que on peust acointier.


LI. — 9 *Ms.* a. que n. — 16 *Ms.* de vivre

Si ne diray plus, ou grant tort aroye :
27    De tel amer je n'avoye mestier.

Ha ! tant m'est tart, amis, que te revoye,
Car lors seras de ma joye portier,
Ne sera temps de dire mais que y soye :
31    De tel amer je n'avoye mestier.

## LII. — L'AMANT

Ha ! quant vendra le temps que ma maistresse
    Puisse veoir ! Dieu m'en doit veïr l'eure,
Car jusques lors n'aray bien a largesse,
4    Ja cent mil ans m'a duré la demeure.
        Las ! je ne sçay en quel point
    Elle est addès ; nouvelle ouïr m'en doint
    Dieux qui la gart et son beau corps maintiengne,
8    Et que toudis sa loyauté me tiengne.

. . . . . . . . . . . . . . . . . . . . . . . . . . . . . . . .
. . . . . . . . . . . . . . . . . . . . . . . . . . . . . . . .
. . . . . . . . . . . . . . . . . . . . . . . . . . . . . . . .
12    . . . . . . . . . . . . . . . . . . . . . . . . . . . . . . .
. . . . . . . . . . . . . . . . . . . . . . . . . . . . . . . .
. . . . . . . . . . . . . . . . . . . . . . . . . . . . . . . .
. . . . . . . . . . . . . . . . . . . . . . . . . . . . . . . .
16    . . . . . . . . . . . . . . . . . . . . . . . . . . . . . .

Hé ! que sceust elle addès la grant destresse
Qu'ardant desir me fait qui me cueurt seure
Pour seue amour et souvenir qui presse
20    Mon povre cuer que tost vers elle cueure,

LII. — 9 à 16 *Il manque une strophe dans le ms.*

Mais je ne puis par nul point,　　*f. 387 a*
Car mon honneur ne le souffreroit point.
Non pour tant ay grant desir qu'il aviengne
24　Et que toudis sa loyauté me tiengne.

Dieu vueille que tost nouvelles m'en viengne
26　Et que toudis sa loyauté me tiengne.

## LIII. — La dame

Trop me griefve durement
　Le songe qu'anuit songoie,
Car avis m'ert proprement
Que mon doulz ami veoie
5　Qui me disoit : « Ne t'anoye,
M'amie, prens reconfort
Tout le mieulx que tu pourras,
Regarde moy, je suis mort,
9　Jamais plus ne me verras ! »

Lors navré trop fierement,
Palle et taint, l'apercevoye,
A piteux contenement.
Adont sus lui me gictoie
14　. . . . . . . . . . . . . . . . . . . . . . .
Criant : « Dieux! quel desconfort !
Mort, viens tost, si m'occiras;
Monde, je te laisse au fort,
18　Jamais plus ne me verras ! »

Effroiée tellement
Qu'il m'iert vis que je mouroye
M'esveillay, mais nullement
N'aray jamais bien ne joye
23　Jusqu'a ce que nouvelle oye

De cil dont j'ay grant remort
De ce qu'il dist : « Tu aras
Pour moy maint dolent recort ;
27    Jamais plus ne me verras. »

En ce songe ay trop mon sort,
Quoy que on les tiengne a fatras :  *f. 387 b*
A Dieu joye et tout depport,
31    Jamais plus ne me verras.

## LIV. — L'amant

Il a long temps que nouvelles n'oÿ
  De celle a qui je suis serf homme lige,
C'est ce pour quoy tout soulas est fouÿ
4    De mon las cuer et tous les jours engrige
Le mal que j'ay, car vraie amour m'oblige
A ne penser aillieurs, j'y suis contraint
7    Par fort amer qui fort mon cuer destraint.

Et ce me fait encor moins resjoÿ
Que je sçay bien qu'elle, qui est la tige
De loyauté, a cuer taint et broÿ
11    Pour mon demour, car depuis de la vis je
Qu'elle me dist : « Se le temps ne s'abrige
De ton demour, je sens Mort qui m'estraint
14    Par fort amer qui trop mon cuer destraint. »

Et ce soussy a tout en pleur rouÿ
Mon dolent cuer, et adès se rengrige
Mon grief ennuy, n'oncques puis ne joÿ
18    De bien qui soit qu'en parti, or depry ge
A vraie Amour, qui m'assault et assige,
Que ne soye jusqu'au mourir destraint
21    Par fort amer qui trop mon cuer destraint.

Ou pressouer d'Amours je suis espraint
23  Par fort amer qui trop mon cuer destraint.


## LV. — La dame

Trés doulz amy, vostre longue demeure
    Me fait mourir, je ne sçay que je face
Ne je n'ay bien ne joye, ains adès pleure
4   Et ma vie dolente en tel dueil passe
Que briefve mort mille fois mieulx amasse
Que plus souffrir ; il deust assez souffire
Et par raison en doy bien estre lasse,
8   Car près d'un an suis ja en ce martire.  *f. 387 c*

Dolente, eimy ! verray je jamais l'eure
Que près de moy soyés et que j'embrace
Vostre beau corps, que Dieu gart et secueure !
12  Car cent mil ans, me semble, i a d'espace
Que ne vous vy. Et que feray je, lasse ?
Se le retour n'est brief, vous orrés dire
Ma dure mort ; temps est que je trespasse,
16  Car près d'un an suis ja en ce martire.

Mais, doulz ami, se du mal qui m'acueure
Aviez pitié, en brief temps alegiasse,
N'en doubte pas, car vous vendriez en l'eure ;
20  Mais je sçay bien que vers vous tant de grace
N'empetreray ja pour riens que je brace.
Si pouez vous assez savoir, beau sire,
Comment il m'est et se doi estre grasse,
24  Car près d'un an suis ja en ce martire.

Ayés pitié du grief mal qui s'amasse
Dedens mon cuer et m'occit tire a tire

En desirant veoir vo doulce face,
28  Car près d'un an suis ja en ce martire.


### LVI. — L'AMANT

Or suis je reconforté
  Puis que de ma dame belle
Nouvelles on m'a porté.
4  De joye mon cuer sautelle
De ce qu'en riens ne chancelle
De loyaulté, ce me semble,
7  Dieux! quant serons nous ensemble?

Ces letres m'ont raporté
Joye, puis que j'oz nouvelle
Qu'en santé est, n'avorté
11  N'est le doulz plaisant bien que elle
Me vouloit; certes c'est celle
En qui loyauté s'assemble,          *f. 387 d*
14  Dieux! quant serons nous ensemble?

Mais son cuer desconforté
Est, menant dueil a par elle,
De ce que tairt deporté
18  Me suis n'a autre querelle
De retourner, si m'appelle
Disant : Ha! qui nous dessemble,
21  Dieux! quant serons nous ensemble?

Belle, qui ange ressemble,
23  Dieux! quant serons nous ensemble!

## LVII. — La dame

Dieux me doint prouchainement
Ouïr de ma doulce amour
Nouvelles, et que briefment
4    Reviengne, car le demour
Est trop long, et son retour
Vueille Dieux que plus ne tarde,
7    Car plus que autre riens me tarde.

Hé las! si piteusement
Lui avoye ma doulour
Mandé et que bien briefment
11    Lui pleust a venir un tour
Vers moy, qui si mal m'atour
Pour lui, et que trop retarde,
14    Car plus que autre riens me tarde.

Mais ne me vault nullement
Le mander, car n'y a tour,
Bien le voy; ne sçay comment
18    Porteray ceste doulour;
Viengne dont mort sans sejour,
Puis que du veoir n'ay garde,
21    Car plus que autre riens me tarde

Doulz ami, de tous la flour,      *f. 388 a*
Retournez par vo doulçour
A fin que je vous retarde,
25    Car plus que autre riens me tarde.

## LVIII. — L'AMANT

Vo message que m'avez envoyé,
  Belle plaisant, que aussi je vous renvoye,
A tout mon cuer a joye ravoyé.
4    Qu'en bonne foy en grant pensée estoie
Pour ce que de vostre estat ne savoye.
Si ayez cuer joyeux, aussi l'aray,
7    Et, se Dieux plaist, bien tost vous reverray.

Et plus n'ayez penser si desvoyé
En amer dueil, car trop fort m'en ennoye
Ainçois comment je seray festoyé
11   A mon retour pensez, et prenez joye
En bon espoir et la vo cuer s'appoye,
Car partout suis vostre et tousjours seray,
14   Et, se Dieux plaist, bientost vous reverray.

C'est pour le mieux que me soye employé
Ceste saison un pou en longue voye,
Car mesdisans, qui avoient broyé
18   Encontre nous dur buvraige, aront voie
De taire ; addès, doulce amour, si vous proye
Qu'ayés cuer lié, car de cy partiray,
21   Et, se Dieux plaist, bientost vous reverray.

A Dieu, soyez, ma dame, l'amour moye,
Et plus de fois que dire ne saroye
Me recomment a vous de fin cuer vray,
25   Et, se Dieux plaist, bientost vous reverray.

## LIX. — La dame

Il me va un petit mieulx
 Puis qu'il m'est venu message ⸒
Du bon, bel et gracïeux,
4 Qui ala par mer a nage
 Loings en contrée sauvage,   *f. 388 b*
 Dont m'a falu soustenir
 Maint soussy, encor en ay je,
8 Dieu lui doint brief revenir!

 Puis que sçay, louez soit Dieux!
 Qu'encombrier n'a ne dommage;
 Au moins n'avoit quant du lieux
12 Se parti le porteur sage
 Des letres; ce m'est suffrage
 Grant, mais jusqu'a son venir
 N'aray droit joyeux courage,
16 Dieu lui doint brief revenir!

 Mais lors n'ara soubz les cieulx
 Femme qui se comparage
 A moy quant verray des yeulx
20 Le corps et le doulz visage
 De cil qui me tient ombrage,
 Tant desir a le tenir
 Es bras selon mon usage,
24 Dieu lui doint brief revenir!

 Ha! quant sera ce voyage
 Acomply si que avenir
 Puisse au mien a heritage,
28 Dieu lui doint brief revenir!

## LX. — L'amant

Or suis je joyeux et bault
 Puis que me voy au retour
Vers celle en qui n'a deffault
4 De grace, et en tout atour
De corps et de doulz viayre
Passe toutes, a voir dire.
Ha ! de beaulté l'exemplaire,
8 Tant a veoir vous desire.

Plus ne crain ne froit ne chault,
N'assault de chastel ne cour,   *f. 388 c*
Ne la mer que passer fault
12 Par maint estrange destour,
Car riens ne me puet mesfaire
Puis que vers elle je tire.
Ha ! de beauté l'exemplaire,
16 Tant a veoir vous desire.

Si aray tost fait un sault
Pour y parler en destour,
Non pour tant fault estre cault
20 Vers les gens de la entour,
Mais qui me devoit detraire
Ne m'en pourroye escondire.
Ha ! de beaulté l'exemplaire,
24 Tant a veoir vous desire.

Dieux me doint tost vers vous traire,
Riens tant ne me puet souffire.
Ha ! de beaulté l'exemplaire,
28 Tant a veoir vous desire.

## LXI. — La dame

S'IL est ainsi, comme j'ay ouÿ dire,
   Que l'armée a retourner se mecte
Ou mon ami s'en ala en navire,
4  Plus ne pourray de joye avoir souffrecte
   Quant je verray cil a qui suis de debte :
   C'est mon tresor, ma seulle souffisance,
7  Mon souvrain bien, mon entiere plaisance.

   Ainsi l'octroit Dieux com je le desire
   Et qu'a joye mon doulz ami remecte
   En ce païs, mais de paour souspire
11 Que ainsi ne soit quant par moy suis seulecte ;
   Mais on me dict qu'il vient, m'amour doulcecte,
   Dont de veoir je suis en esperance
14 Mon souvrain bien, mon entiere plaisance.

   Que devendra mon cuer quant mon doulz mire *f. 388 d*]
   Je reverray ? certes toute follecte
   Adont seray de baisier et de rire.
18 Tost aviengne que de ce m'entremette !
   Et il convient qu'a Dieu veu en promecte
   Lui suppliant qu'amaint sans demourance
21 Mon souvrain bien, mon entiere plaisance.

   Hé las ! venez, m'amour et ma fiance,
23 Mon souvrain bien, mon entiere plaisance.


## LXII. — L'amant et la dame

MA doulce dame, Dieu vous gart !
   Comment vous est il, belle et bonne ?
— Bien viengne cil qui est la part

4      De tout le bien que Dieu me donne.
       — Ha ! belle, tant vous desiroye !
       Oncques puis n'oz bien que party.
       — Amis, tu es toute ma joye
8      N'avoir n'en puis point fors par ty.

       Vous en estoit il aussi tart
       Qu'a moy, dame, a qui tout m'ordonne ?
       — Certes, doulz ami, autre part
12     Ne pensoie qu'a ta personne.
       — Loyalle, vraie, simple et quoye,
       Amours lo qui si m'a party.
       — Amis, tu es toute ma joye
16     N'avoir n'en puis point fors par ty.

       Or suis je venu celle part
       Ou de tout mon bien est la bonne.
       — Mon doulz ami, cuer, corps, regart,
20     Sauf mon honneur, tout te redonne.
       — Ma maistresse, plus ne vouloye,
       Toudis fusse je en ce party.
       — Amis, tu es toute ma joye
24     N'avoir n'en puis point fors par ty.

       Belle, acollez moy toutevoye,      *f. 389 a*
       Doulz baisier soit cy depparty.
       — Amis, tu es toute ma joye
28     N'avoir n'en puis point fors par ty.


              LXIII. — La dame

       A pou que mon cuer ne devient
         Tout deffailli comme pasmé
       De la grant joye qui lui vient,
4      Mon loyal ami trés amé,

De ce que, ma trés doulce joye,
Je te voy vers moy revenu ;
Mais, plus que dire ne saroie,
8    Tu soyes le trés bien venu.

N'en piez mon corps ne se soustient
Qui desireux et affamé
Estoit de toy ; ores te tient
12    A joye. Hé las ! tant reclamé
T'ay, si ay quanque je vouloye
Ne sçay que dueil est devenu ;
Mais, plus que dire ne saroie,
16    Tu soyes le trés bien venu.

Et grant joye ay, il appartient,
Car j'entens qu'as esté clamé
En ce voyage, et on te tient
20    L'un des meilleurs, doncques blasmé
Ne soit mon cuer se a toy s'octroye,
Quoy que loings t'en soyes tenu ;
Mais, plus que dire ne saroye,
24    Tu soyes le trés bien venu.

Je ne sçay, amis, toutevoye
Se point de moy t'est souvenu,
Mais, plus que dire ne saroye,
28    Tu soyes le trés bien venu.

## LXIV. — L'amant

Dieu mercy, or ay je ataint
   Le bien ou tant ay tiré,      *f. 389 b*
Dame, se yert que fusse çaint
4    De voz doulz bras et tiré

Près de vous et que miré
Me fusse en vo doulz visage
Pour qui ay tant souspiré,
8    Or vous tiens je, belle et sage.

Et tant est mon cuer rataint
De joye et dueil adiré
En recevant baisier maint
12    De vous que tel atiré
Suis que ne sçay que diré.
Je suis comme homme sauvage ;
Baisiez moy, cuer desiré,
16    Or vous tiens je, belle et sage.

En moy cesse tout complaint,
Plus ne seray aÿré,
Pensif, las ne de dueil taint.
20    Puis que vers vous suis viré,
Jamais n'en departiré,
Venir ne me puet dommage ;
Quelque mal que aye tiré,
24    Or vous tiens je, belle et sage.

Qui que mon fait empiré
Eust par desloyal langaige
Et que m'eussiez adiré,
28    Or vous tiens je belle et sage.

## LXV. — La dame

Doulce chose est que d'amer,
Qui ayme parfaictement,
Combien que maint grief amer
4    Y ait ; mais qui loyaument
S'i tient, viengne encombrement,

Bien ou mal, joye ou pointure :
7    Qui bien ayme tout endure.

Quoy que on s'en oye blasmer    *f. 389 d*
Souvent riguereusement,
Mais tout ce fait affermer
11    L'amour tant plus ardament,
Puis grant joye, puis tourment
Y a et mainte aventure :
14    Qui bien ayme tout endure.

Ne pour batre ou diffamer
Ne pour tourmenter griefment
On ne pourroit deffermer
18    Une amour quant droitement
Tient au cuer ; l'empeschement
N'y vault riens, car creature
21    Qui bien ayme tout endure.

Pour moy le dy purement,
Car l'essay m'aprent comment,
Soit dommage, soit injure,
25    Qui bien ayme tout endure.


## LXVI. — L'AMANT

Le jour que ne vous voy durer ne puis,
Doulce dame ; si ne me sçay tenir
D'aler souvent ou vous estes, et duis
4    Suis de gaictier que je puisse avenir
A vous veoir d'aucun lieu revenir
Ou onque soit, tout non obstant la crainte
7    De mesdisans qui m'ont fait paine mainte.

Et tout de gré aucune achoison truis
De repairier et d'aler et venir
Aucune fois chieux vous, et quant de nuis
11   Passe par la, et m'en deust on banir,
Je baise l'uis et m'y vois soustenir
Et appuyer, mais c'est craignant l'effrainte
14   De mesdisans qui m'ont fait paine mainte.

Et, quant vous voy, en mon paradis suis
Ne si grant bien ne me puet avenir
Mais qu'en voz bras, ou sont tous mes deduis,
18   Je puisse estre, Dieu m'y doint parvenir!
Et quant, ne puis, au moins par souvenir
En suis prouchain mal a gré la restrainte
21   De mesdisans qui m'ont fait paine mainte.

Mais Faulx Parler m'acuide rebanir
D'environ vous pour moy du tout honnir,
Et bien m'alast se fust la langue estainte
25   De mesdisans qui m'ont fait paine mainte.

## LXVII. — La dame

Mon doulz ami, se tu ne pues durer
Sans moy veoir, saches que moins je dure
Sans toy aussi, ce te puis je jurer
4   Qu'en bonne foy un jour un mois me dure
Se ne te voy. Maudit soit qui procure
L'empeschement qui nous en fait garder!
7   Mais non pour tant te verray sans tarder.

Car le desir, que j'en ay, endurer
Ne me laroit jamais la paine dure

Qu'en ay ; assez puet qui veult murmurer,
11 Car te verray, je n'ay aillieurs ma cure,
Mais toutefois te pry que ayes cure
De mon honneur a quoy dois regarder,
14 Mais non pour tant te verray sans tarder.

Si te promès, amis, sans parjurer,
Que tous plaisirs de vraie entente pure
Je te feray, m'en deust on enmurer,
18 M'onneur gardant, car n'y pense laidure,
Ne l'empeschier ne pourroit creature
Quoy qu'on nous puist noz plaisirs retarder,
21 Mais non pour tant te verray sans tarder.

Grant paine on met, amis, a m'en garder,
23 Mais non pour tant te verray sans tarder.


## LXVIII. — L'AMANT     *f. 390 a*

COMBIEN que ja pieça toute donnée
Vous ay m'amour, je la vous represente
Avec mon cuer et corps, trés belle née,
4 Ce premier jour de l'année presente,
Et quanque j'ay, ma doulce dame gente ;
Ce dyamant avec de petit pris,
7 Prenez en gré, doulce dame de pris.

Bon jour, bon an et bonne destinée
Vous envoit Dieux et biens a droite rente,
Et que souvent l'un l'autre ceste année
11 Nous nous voions en trés joyeuse atente
Et que jamais vo cuer ne se repente
De moy amer, tout soye mal apris,
14 Prenez en gré, doulce dame de pris.

Ne jamais jour no doulce amour finée
Ne puist estre, ne vous ne soyez lente
A moy donner joye qui redonné[e]
18    Vous soit par moy a plantureuse vente,
De mesdisans n'ayés ja la tourmente,
Avec ce, moy, vo serf lige pris.
21    Prenez en gré, doulce dame de pris.


De vous servir a ma vie ay empris,
23    Prenez en gré, doulce dame de pris.


### LXIX. — La dame


J E te mercy, bon et bel,
    De ton trés gracïeux don
Que m'as de cest an nouvel
4    Fait le premier jour, et don
Aussi moy je te redon
M'amour toute et t'en estraine.
7    Dieu te doint joyeuse estraine !


Et cuer, corps par grant revel,
Sauf m'onneur, je t'abandon.
Ce rubis en cest annel          *f. 390 b*
11    Te redonne en guerredon,
Ne sçay que plus demandon,
Tu m'as fait de tout mal saine.
13    Dieu te doint joyeuse estraine !


Et en ce doulz renouvel
Du temps, ou joye a bandon
Est, te donray maint chappel
18    De fleurs, mais plus n'atendon

Le doulz baisier; or ça, don.
Le departir m'est grant paine;
21      Dieu te doint joyeuse estraine!

Je m'en vois de joye plaine,
23      Dieu me doint joyeuse estraine!

## LXX. — L'amant

S'il a en moy quelconques bien ou grace,
Honneur ne sens, combien que petit vail,
De vous me vient, dame; le gré et grace
4      Devez avoir, car prendre a droit detail
En vo beau corps qui est tour et serail
De hault honneur, puis vouloir de bien faire,
7      Car vous m'estes de tout bien exemplaire.

Et quant je voy qu'en nul temps n'estes lasse
De bien faire, s'en aucune riens fail,
Je m'en rettray pour suivre vostre trace,
11      Et de me duire a valoir me travail.
C'est bien raison quant si haultement sail
Comme a l'amour de vous qui me doit plaire,
14      Car vous m'estes de tout bien exemplaire.

Et pour mon mieulx Dieu voult que vous amasse;
Bien m'en avint quant mon cuer en vo bail
Je mis du tout puis qu'en moy j'en defface
10      A mon pouoir toute tache, et se bail
A vous mon cuer a bon droit, car un ail,
Se ne fussiez, ne vaulsist mon affaire,   *f. 390 c*
21      Car vous m'estes de tout bon exemplaire.

Belle, bien doy vous servir et complaire,
23      Car vous m'estes de tout bien exemplaire.

## LXXI. — La dame

Qui pourroit meilleur choisir,
   Plus bel, plus sage, plus preux
Qu'est cil ou est mon plaisir?
4    Ne croy qu'en ce monde deux
Ses semblables n'apareux
Ait; chascun ainsi le tient,
7    Et pour ce mon cuer s'i tient.

Et, quant je pense a loisir
A lui, mon cuer pour eureux
Se tient d'avoir son desir
11    Aresté en lui tout seulx,
Et il veult quanque je veulx
Ne d'autre ne lui souvient,
14    Et pour ce mon cuer s'i tient.

Si n'ay autre desplaisir
Fors quant Donger le hideux
Aucune fois dessaisir
18    M'en vient, et de ce me deulx;
Mais mes promesses et veulx
Y sont, d'autre ne me tient,
21    Et pour ce mon cuer s'i tient.

Et, quant un tel amoureux
Est de moy, se doulcereux
M'est le temps, il appartient,
25    Et pour ce mon cuer s'i tient.

## LXXII. — L'AMANT

Ce jour Saint Valentin, ma dame belle,
  Je vous choisy a dame pour l'année
Et pour tousjours sans que je m'en rappelle ;
4    Combien que ja pieça toute donnée   *f. 390 d*
Vous ay m'amour sans jamais departir,
A cestui jour, pour maintenir l'usage
Des amoureux auquel je doy partir,
8    Je vous retien de rechief, belle et sage.

Le doulz printemps ou tout se renouvelle
  Commence anuit, pour ce a ceste journée
Tout amoureux doit ou dame ou pucelle
12    Pour maistresse retenir, mais finée
Ne sera ja l'amour que sans partir
Je mis en vous, car c'est a heritage,
Et, pour monstrer que n'en quier repentir,
16    Je vous retien de rechief, belle et sage.

Si seray gay en la saison nouvelle
  Pour vostre amour et soir et matinée,
Car j'ay espoir qu'aray mainte nouvelle
20    De vous, par quoy grant joye demenée
Devra estre de moy se consentir
A mon bon temps voulez vo doulz corage.
Quoy qu'il en soit, jusques au cuer partir
24    Je vous retien de rechief, belle et sage.

Souveraine de toutes, sans mentir,
  Amours m'a mis si en vostre servage
Que pour ce que n'en pourroie alentir
28    Je vous retien de rechief, belle et sage.

## LXXIII. — La dame

Trés doulz amy, pour te faire grant joye,
    Je te choisy de rechief et retien
A cestui jour Saint Valentin, ou proye
4    Prent voulentiers Amours; pour ce le mien
    Cuer te redon; combien que pieça tien
    Il estoit tout, je le te reconferme
7    Et te promès a amer d'amour ferme.

Pour mon ami a tousjours, ou que soye,
    T'ay retenu, ne jamais le lïen                    *f. 391 a*
    N'en ert rompu, si nous mettons en voie
11    D'estre joyeux ou doulx temps plain de bien
    Qui recommence anuit, je te dy bien
    Que tienne suis; rien n'est qui m'en defferme,
14    Et te promès a amer d'amour ferme.

Si est bien droit que ton cuer s'en resjoye
    Et que pour moy en fait et en maintien
    Soyes joyeux ou temps que tout s'employe
18    A resjouïr, car aussi je me tien
    A doulz deduit que de ma part retien,
    Car vraie amour m'y a baillé a ferme
21    Et te promès a amer d'amour ferme.

Ainsi, amis, suis tienne, et c'est sans terme,
    Et te promès a amer d'amour ferme.

## LXXIV. — L'amant

Certes, dame, je suis trop a malaise,
    Ne sçay a quoy je le vous celleroie,
    Car je me doubt que un autre mieulx vous plaise

4 Que je ne fais ou qu'il en soit en voye,
 Car il m'est vis que un petit je vous voye
 Vers moy changier, et de vous n'ay tel chiere
 Au moins, le m'est avis, que je souloye.
8 Vous m'occiriés, ma doulce dame chiere,

 S'ainsi estoit, car seroye ou mesaise
 Qu'ont les jaloux qui n'ont ne bien ne joye,
 Et j'y suis ja ne point ne m'en appaise,
12 N'appaiseray jusques je vous revoye
 D'autre maintien, ne sçay se querez voye
 Pour m'essayer; la voie m'est trop fiere,
 Car si grant dueil autre avoir ne pourroye;
16 Vous m'occiriez, ma doulce dame chiere.

 Et me semble, quoy qu'assez je m'en taise,
 Qu'un autre voy qui voulentiers s'employe
 Environ vous, mais moins je m'en rappaise
20 De ce que point son fait ne vous envoye *f. 391 b*
 A mon cuidier; mais s'ainsi je perdoye
 Sans mon meffait la riens que j'ay plus chiere
 En vous servant le mieulx que je pourroie,
24 Vous m'occiriez, ma doulce dame chiere.

 Pour Dieu mercis faictes que vous revoye
 Prochainement, car si mectiez renchiere
 Par quoy, qu'il ne vous en chausist, cuidoie,
28 Vous m'occiriez, ma doulce dame chiere.


### LXXV. — La dame

 Trés doulz ami, qui t'a meü
  D'estre de moy en jalousie?
 Je t'en pry, qui as ... veü,
4 Soit a matin soit a ressie,

Qui soit taillez a t'estrangier
De moy qui n'aime se toy non ?
Ce ne seroit pas de legier ;
8      N'en soyes point en doubte, non.

Car je t'ay sur tous esleü,
Dont loyal amour remercie
Qui a mon cuer si pourveü
12     Qu'il me souffit, ne t'en souffie,
Et ne me verras ja changier
Pour homme, tant soit de hault nom ;
J'y suis sans jamais deslogier,
16     N'en soyes point en doubte, non,

Si ne sçay qu'as apperceü
Ne de qui es en frenasie,
Mais, se mesdisans deceü
20     Ay, n'en ayes mal appaisie
Pensée, car c'est pour targier
Des faulses langues mon renom.
S'a tous faiz chiere sans dongier
24     N'en soyes point en doubte, non.

Amours voult tout mon cuer logier,
Doulz ami, dessoubz ton penon ;      *f. 391 c*
Qui que le vueille chalengier
20     N'en soyes point en doubte, non.

## LXXVI. — L'AMANT

A LER m'en fault un tour, ma doulce dame,
   Je revendray assez prouchainement ;
Si pry a Dieu qui vous gart corps et ame,
4      Souviengne vous de moy et nullement
Ne m'oubliez, et tousjours loyaument

Vous maintenez envers moy, fin cuer doulz;
7  Mon cuer vous laiz au deppartir de vous.

Ayez cuer lié et ne laissiez pour ame,
Pensant a moy ; je seray ensement
Pour vostre amour joyeux, et soubz la rame
11  Yray chantant trés amoureusement
En ce gay bois au renouvellement
Du doulz printemps qui cuers resjouïst tous ;
14  Mon cuer vous laiz au departir de vous.

Et souvenir, qui maint fin cuer enflame,
Sera o moy qui lira proprement
A mon vray cuer vo biauté ou n'a blasme,
18  Ce me sera doulz esjouïssement,
Ayez le aussi, si vivrés liement,
Et vous gardez de dueil et de courroux;
21  Mon cuer vous laiz au deppartir de vous.

A Dieu vous dy, belle, entr'acolons nous,
23  Mon cuer vous laiz au deppartir de vous.

## LXXVII. — La dame

Hé Dieux ! que souvent avient,
Doulz ami, ce m'est advis,
Que tu t'en vas ! ce me tient
4  Pensif le cuer et le vis,
Oncques tant aler ne vis
Homme, car c'est sans cesser :
7  Tu n'as ailleurs ton penser.

Je sçay bien qu'il t'appartient      *f. 391 d*
A voyagier, mais tous vifs
Mon cuer en meurt, ne lui tient

11    D'envoisier, je te pleuvis,
    De fort heure oncques te vis,
    Tu m'occis par ton tracer :
14    Tu n'as aillieurs ton penser.

    Hé las ! maint amant se tient
    Sans tant aler, mais envis
    T'en tendroies, ne souvient
18    A ton cuer comment je vifs
    En dueil quant tu m'es ravis,
    Mais on ne t'en puet lasser :
21    Tu n'as aillieurs ton penser.

    Or en soit a ton devis,
    Bien sçay que tout alouvis
    Es de vaillance amasser :
25    Tu n'as aillieurs ton penser.

## LXXVIII. — L'amant

J E pry a Dieu qu'i gart la blanche et blonde
  Ou-que elle soit et lui doint bonne nuit
    Comme a la fleur des dames de ce monde,
4    Jamais son cuer n'ait riens qui lui anuit,
    Car les meilleurs toutes passe, je cuit.
    Dieux ! quant verray la trés fresche et nouvelle ?
7    Que fusse je ore entre les deux bras d'elle !

    Ha ! quant je pense au grant bien qui habonde
    En son vray cuer, je y prens si grant deduit
    Que joye, paix, souffisance suronde
11    Si dedens moy que chose ne me nuit,
    C'est tout mon bien, c'est mon plaisant reduit,
    Mon seul espoir, c'est la bonne et la belle ;
14    Que fusse je ore entre les deux bras d'elle !

Et si sçay bien que pareille ou seconde
De loyaulté n'a ou monde, et la duit     *f. 392 a*
Sens et valour, qui d'elle font esponde
18     Si qu'en tous lieux devant toutes reluit
Le parfait bien qui y est, c'est conduit
Et droit aport de joyeuse nouvelle.
21     Que fusse je ore entre les deux bras d'elle !

Cent fois la nuit, je croy, dis et l'appelle ;
23     Que fusse je ore entre les deux bras d'elle !

## LXXIX. — La dame

Ce moys de May tout se resjoye,
    Ce me semble, fors moy, lassette !
Qui n'ay pas cil qu'avoir souloie,
4     Dont je souspire a voix bassette :
C'estoit ma belle amour doulcette
Qui ores est si loings de my.
7     Hé las ! reviens tost, mon amy.

En ce doulz mois ou tout verdoye
Si yrons jouer sus l'erbette
Ou orrons chanter a grant joye
11     Rossignolz et mainte allouette,
Tu scez bien ou. A voix simplette
Encor te pry disant : aymy !
14     Hé las ! reviens tost, mon amy.

Car en ce mois, ou Amours proye
Prent souvent, m'est vis que c'est debte
A tout amant qu'il se resjoye
18     Avec sa dame et s'amiette ;
Ne la doit pas laissier seulette,

Ce me semble, jour ne demy.
21    Hé las ! reviens tost, mon amy.

Pour t'amour mon cuer fent par my ;
Hé las ! reviens tost, mon amy.


LXXX. — L'AMANT ET LA DAME


J E n'ay pas trop demouré
  A ceste fois, dame chiere,        *f. 392 b*
Or en soit Dieux aouré
4      Quant je voy vo doulce chiere
Que j'ay plus que autre riens chiere.
Avez esté en bon point,
7      Et m'acolerés vous point ?


.— Doulz amy, bien labouré
Avez, ne fault qu'en enquiere,
Dont vous estes honnouré,
11     Mais de vo retour entiere
Joye ay, or sans renchiere
Tirez vous ça sur ce point,
14     Et m'acolerés vous point ?


— Belle, dictes quant pourré
Vous reveoir, la maniere
M'aprenez et g'i courré,
18     Car riens n'est que tant je quiere,
Et que n'aye autre portiere
Fors vous ; bon jour Dieu vous doint,
21     Et m'acolerés vous point ?


— Amis, viens par l'uis derriere,
Mardi, sans porter lumiere,

A dix heures droit a point,
25      Et m'acolerés vous point ?

## LXXXI. — L'AMANT

Tenez moy pour excusé
     Se ne puis a ceste fois
Aler vers vous, car musé
4     J'ay après gens plus d'un mois
Qui me mainent a la nois
Pour un ennuyeux affaire
7     Que j'ay un petit affaire.

A ce me suis alusé,
M'amour, et pour ce ne vois
Vers vous; ne l'ay reffusé          *f. 392 c*
12     Pour autre cause, et ainçois
.IIII. jours, qui qu'en ait pois,
Yré, mais ains ce fault faire,
14     Que j'ay un petit affaire.

Mais, se vers vous accusé
J'estoie par quelque voix
Qu'alieurs me fusse amusé,
18     Ne le croyez toutefois,
Car c'est pour quoy ne revois
Si trés tost en vo repaire,
21     Que j'ay un petit affaire.

Et ne vous vueille desplaire
23     Que j'ay un petit affaire.

## LXXXII. — La dame

A quoy tient ce, mon ami bel et gent,
Que ne te voy si souvent que je sueil?
Tu n'en es point, m'est vis, si diligent
Que t'en ay veu. Ne sçay s'aucun accueil
Treuves aillieurs par quoy ne te souviengne
Mais tout de moy, car ne sçay l'achoison;
Pechié seroit a toy, se ce n'aviengne,
8    De moy ainsi delaissier sans raison.

J'ay veu le temps que pour or ne argent
N'eusses laissié, ne pour quelqu'autre vueil,
A moy veoir, ou fust devant la gent
12    Tout en passant, ou seulet en recueil,
Un jour sans plus, mais, qui que ores te tiengne,
Huit jours passent ains qu'en rue ou maison
Je te voye, c'est maufait, d'ou qu'il viengne,
16    De moy ainsi delaissier sans raison.

Dont, je te pry, ne fais tant qu'enragiant
Voise après toy, contrainte par grief dueil,
Car ce seroit un mal qui dommagiant
20    Yroit mon corps, mon honneur et my oueil. *f. 392 d*
Si te supply que ton cuer s'en reviengne
Et nous arons de doulz biens affoison,
Car il m'est vis que point ne t'appartiengne
24    De moy ainsi delaissier sans raison.

Pour Dieu, amis, d'autre amer ne te tiengne,
Car onc ne fis envers toy mesprison,
Tort aroies, quoy qu'autrement soustiengne,
28    De moy ainsi delaissier sans raison.

## LXXXIII. — L'AMANT

Ce ne fust que je redoubte
 Le parler de mesdisans,
Que mau feu arde et se boute
4  En tous les plus souffisans
Tant qu'a mort soient gisans!
Hardiement passeroie
7  Et plus souvent vous verroie,

Belle plaisant, mais je doubte
Leurs faulses langues cuisans,
Par qui ma joye est deroute
11  Souvent, qui pas deduisans
Soulas ne m'est n'aduisans.
S'il leur mescheust liez seroie
14  Et plus souvent vous verroie.

Et pleust ore a Dieu que goute
Ne veissent jusqu'a dix ans,
Ou que eussent telle goute
18  Qui au cuer leur fust cuisans
Tous ceulx qui sont marchisans
Environ vous, si yroie
21  Et plus souvent vous verroie.

S'ainsi estoit, joye aroie
23  Et plus souvent vous verroie.

## LXXXIV. — La dame  *f. 393 a*

Vous savez bien que je vous ay promis
 Que, pour parler ne chose qui puist naistre,
Ne vous lairay a amer, doulz amis,

4  Si vous supply qu'environ de cest estre
   Ne delaissiez le repaire et sentier
   Pour mesdisans ne pour leur agaitier,
   Car vraiement, a qui qu'il en desplaise,
8  Sans vous veoir je ne pourroie estre aise.


   Car les chemins sont communs et soubzmis
   A toute gent, a destre et a senestre.
   Passer y puet chascun, par quoy desmis
12  Vous n'en serés par nul, tant soit grant maistre,
   Mais, quant est du parler, a moy gaitier
   Bien vous pouez de eulx, s'il en est mestier;
   Mais bien sachiez, ou que le die ou taise,
16  Sans vous veoir je ne porroie estre aise.


   Et me seroit avis qu'un pou remis
   Seriez de moy amer, se veoie estre
   De moy veoir vostre cuer endormis
20  Plus qu'il ne seult, et, par le Dieu celestre!
   S'ainsi estoit, Mort vendroit acointier
   Mon povre cuer, pleur seroit mon mestier,
   Et vous voyez que riens n'est qui m'appaise,
24  Sans vous veoir je ne porroie estre aise.


   Amis, fors vous chose n'est qui me plaise,
26  Sans vous veoir je ne porroie estre aise.


## LXXXV. — L'amant


  Doulce dame, ne vous vueille desplaire
   Se si souvent ne vois comme je sueil
   Par devers vous, car tout ce me fait faire
4  De mesdisans l'agait, dont j'ay grant dueil
   Qu'il conviengne que j'eslongne mon vueil

Pour leur parler, mais en touté maniere
7    Garder m'en doy se j'ay vostre honneur chiere.

Pour ce me fault un petiot retraire        *f. 393 b*
D'environ vous, combien que je m'en dueil
Trés durement, mais il est necessaire
11    Pour vostre honneur, car trop mieulx perdre l'ueil
Vouldroie que l'amendrir, dont accueil
Ne me faictes devant les gens ne chiere;
14    Garder m'en doy se j'ay vostre honneur chiere.

Et par ce point les pourrons faire taire
Quant ne verront que plus aye recueil
De vous et que n'iray en vo repaire.
18    Mais ne pour tant, quant pourray, en vo brueil
Je vous verray, car autre riens ne vueil,
Mais moult de près avisent no maniere,
21    Garder m'en doy se j'ay vostre honneur chiere.

Toute belle, courtoise, sans orgueil,
De si souvent environ vostre sueil
Aler et tant repairier vo mainiere
25    Garder m'en doy se j'ay vostre honneur chiere.

## LXXXVI. — LA DAME

Biau doulz ami, je ne m'en puis plus taire,
Mais je vous truis tout changé, ce me semble;
Ne sçay se vous voulez de moy retraire,
4    Tel paour en ay que tout le cuer m'en tremble,
Qu'est ce a dire ? quel achoison vous meut ?
Car ne vous voy fors a trop grant dongier,
Et, si ne tient qu'a vous, le cuer m'en deut.
8    Je croy que ainsi me voulez estrangier.

Et mon message a tousjours tant affaire
A vous trouver, et que soyons ensemble
Petit vous chault, ains d'avoir autre affaire
12    Vous excusez, quant d'entre les gens m'emble
Pour vous veoir vous dictes qu'il ne puet
Alors estre, si n'en fault point songier ;
Alieurs vous tient autrement qu'il ne seult.
16    Je croy que ainsi me voulez estrangier.  *f. 393 c*

Et on m'a dit qu'en un certain repaire
Alez souvent ; c'est ce qui nous dessemble ;
Au moins, je croy, si ne m'en doit pas plaire ;
20    S'ainsi estoit, plus que feuille de tremble
Seriez legier qui au vent se remeut,
Mais je m'en doubt par ce que tout changier
Vous voy vers moy, ne sçay qui vous recueut,
24    Je croy que ainsi me voulez estrangier.

Je ne sçay pas se delaissier me vuet
Vo cuer, mais il m'est vis que de legier
Vous passeriez de moy dont dueil m'acuelt,
28    Je croy que ainsi me voulez estrangier.

## LXXXVII. — L'AMANT

OR suis je vers vous venu,
  Belle dame, aray je paix ?
Et ce qui m'en a tenu
4    Si longuement ce n'est mais
Que pour vostre honneur sans faille,
Autre chose ne m'en tient ;
Mais il vous semble que faille
5    Se de vostre honneur me tient.

Car maint mal est avenu
Pour tel cause, et pour ce lais
A y venir; maintenu
12    Me suis tellement que mais
N'est parolle qui en saille.
Ainsi faire il appartient,
Mais il vous semble que faille
16    Se de vostre honneur me tient.

Et vo cuer s'en est tenu
Mal content, je n'en puis mais,
Car a vous garder tenu
20    Je seray a tousjours mais.
Ne cuidiez que pour ce baille
Alieurs mon cuer, ne m'en tient;
Mais il vous semble que faille          *f. 393 d*
24    Se de vostre honneur me tient.

A Dieu, il fault que m'en aille,
La nuit s'en va, le jour vient,
Mais il vous semble que faille
28    Sede vostre honneu me tient.


## LXXXVIII. — La dame

J E suis entrée en grant merencolie,
  Mon bel ami, qu'il vous tiengne autre part
Qu'a mon honneur, dont trop me contralie
De ce que tant, en commun ne a part,
5        Que je souloie
Ne vous voy, mais bien croy qu'il vous anoye
A plus m'amer, quoy que m'aliez disant
Que le mieulx soit que plus a tart vous voie
9    Pour estaindre le parler mesdisant.

Je m'en soussy tant qu'estre ne puis lie,
Car il m'est vis que vo cuer se depart
De moy, et on m'a bien dit qu'il s'alie
A un' autre que voyez tost et tart,
14  Et que en sa voie
Vous vous mettez souvent si que elle voie
Que vous l'amez, quoy que plus souffisant
Ne soit de moy, querrez vous autre proye
18 Pour estaindre le parler mesdisant.

Et, se a voz yeulx plus belle et plus jolie
Elle est que moy. bien sçay que plus grant part
De loyaulté n'a pas, mais c'est folie
A moy puis que vous n'y avez regart.
23  Mais qu'en feroie?
Se vostre goust y est, je ne pourroye
Vous en oster pour estre a mort gisant;
Est ce le tour ou vostre cuer s'avoye
Pour estaindre le parler mesdisant?

  S'ainsi ma joye    *f. 394 a*
Pers, il fauldra que durement m'aroye,
Car ne pourray porter mal si nuisant;
Ne lairay pas qu'en las plour ne me noye
32 Pour estaindre le parler mesdisant.

## LXXXIX. — L'AMANT

Vous m'en croirés se vous voulez,
 Belle dame, mais je vous jure
Que plus que vous suis adoulez
4 De ce que ne vous voy, ne cure
 N'ay d'autre, mais pour le murmure

De mesdisans en sus m'en trai,
7     Mais pour tant autre amour n'attray.

Et se, si souvent que soulez,
Ne me voyez, tout a esture
Le fais pour n'estre reculez
11     De vous que plus que creature
J'ayme loyaument d'amour pure;
Et a plusieurs choses me tray,
14     Mais pour tant autre amour n'attray.

Ne ja n'en seray saoulez,
Ne le dictes plus : trop m'est dure
Tel parolle, vous m'affolez,
18     De dueil il a partout mesure,
J'ay maint grant soing et mainte cure
Par quoy un temps je me subtray,
21     Mais pour tant autre amour n'attrai.

D'aler et venir me retrai,
23     Mais pour tant autre amour n'attrai.

## LXXXX. — La dame

Ja ne croiray qu'amant parfettement
Amast sa dame et se tenist un mois
D'elle veoir, et sans encombrement
4     Faire le peust ou l'occiroit ainçois;
Mais ceulx le font qui n'acontent .ii. nois
S'ilz sont amez ou non, si vault si vaille,  *f. 394 b*
Ilz vont priant partout puis .ii. puis .iii.,
8     Mais ne leur tient au cuer pas d'une maille.

Pour vous le dy, amis, certainement,
Car ne vous vy pas une seulle fois

Plus d'un mois a, et cuidés tellement
12 Par biau parler et par serie voix
Moy avugler que vous croye, or congnois
Se vous m'amez ou non, ainsi sans faille
Le font les faulx qui ont toutes leurs lois,
16 Mais ne leur tient au cuer pas d'une maille.

Ha! Dieu le scet, que vo contenement
Fait mon las cuer estre en grief dueil estrois,
Car a l'effait mieulx que au parler comment
20 M'amez appert, dont je porte tel pois
Qu'en muir de dueil, mais n'en donnés un pois;
Ne cuidasse que feussiez de tel taille.
Ceulx ressembles qui pleurent a la fois,
24 Mais ne leur tient au cuer pas d'une maille.

Ha! doulz amis, sont ce de voz esplois?
Aiment hommes d'amour de feu de paille
Qui si faignent estre d'amours destrois,
28 Mais ne leur tient au cuer pas d'une maille.

## LXXXXI. — L'AMANT

Pᴏᴜʀ quoy de moy vous doubtez vous, maistresse?
    Ne voyez vous qu'autre part je ne vise
Qu'a vous seulle pour qui porte la trece
4    Et loyaulté en mon port et devise,
       Couleur de bleu en vestement?
       Ne ne fois en riens autrement
    Ne que je sueil, ce voyez en appert;
8    Se je vous aim me semble qu'il appert.

De vous donner si mautemps est simplece
Que vous dictes, mais quant je me ravise

Sus me mettez, je croy, ce qui vous blesse ; *f. 394 c*
12   C'est faulseté, car vous avez promise
    Alieurs vo foy ou l'en me ment,
    Car on m'a bien conté comment
Un autre amez, mais, quoy que aye souffert,
16   Se je vous aim me semble qu'il appert.

Si vous gardez de n'estre changaresse,
Car quant a moy je n'ay m'entente mise
Se n'est en vous a qui j'ay fait promesse ;
20   Mais, se vous voy de moy amer remise,
    Ne dois je dont faire ensement ?
    Combien que [je] si fermement
M 'i suis fichiez, certes, qu'assez appert.
24   Se je vous aim me semble qu'il appert.

Ne scay de quoy tout ce langaige sert,
26   Se je vous aim me semble qu'il appert.

## LXXXXII. — LA DAME

A u bleu vestir ne tient mie le fait,
  N'a devises porter, d'amer sa dame,
Mais au servir de loyal cuer parfait
Elle sans plus, et la garder de blasme,
5   Et que l'amant ne le die a nul'ame
Fors a la trés belle que tenir chiere
Sur toutes riens doit et trés redoubter,
Sans autre part viser d'oeil ne de chiere :
9   La gist l'amour, non pas au bleu porter.

Mais puet estre que plusieurs le meffait
De faulseté cuident couvrir soubz lame

LXXXXI. 23. *Ms.* Missuis

Par bleu porter; si vuellent tout a fait
Que l'en cuide qu'en eulx n'ait le diffame
14    D'en plusieurs lieux penser, mais n'ont la flame
D'amours pour tant qui fait changier maniere
Aux fins amans, gemir et guermenter
Secretement et joye acheter chiere :
18    La gist l'amour, non pas au bleu porter.

Certes, si croy que cil qui se refait    *f. 395 d*
Des habis bleuz, a fin que l'en le clame
Loyal amant, a le cuer tout deffait,
De loyaulté, car ne once ne drame,
23    Ne pou ne grant, n'en a dedens, par m'ame !
Il met tout hors' a levée baniere.
Autrement va, qui veult a droit conter,
De ceulx en qui est loyaulté entiere :
27    La gist l'amour, non pas au bleu porter.

Prince, je dis que, quoy que un amant quiere
Divers habis pour son cuer depporter,
S'il n'est loyal, s'amour tiens a legiere :
31    La gist l'amour, non pas au bleu porter.

## LXXXXIII. — L'amant

J'ay entendu, dame, qu'en autre part
 Voz biaux semblans departez et donnez
Et que tel sçay vous voit souvent a part
4    Et bonne vie ensemble demenez.
On m'a tout dit l'estat que vous menez :
Bien vous savez a plus d'un saint vouer.
7    Sont ce des jeux dont vous savez jouer ?

Promis m'aviez qu'a tousjours sans depart
Aviez vo cuer tout a moy assenez,

Mais je voy bien que j'en ay povre part
11. Puis qu'autre part vous le rabandonnez;
Mais bien est vray qu'assez vous vous penez
De vous couvrir soubz faint couvertouer;
14 Sont ce des jeux dont vous savez jouer?

Par quoy congnois que vous savez bien l'art
De faulx semblant jouer, me pardonnez
Se je dis voir : plusieurs de vo regart
18 Sont deceüz, car vous l'abandonnez
En trop de lieux, n'un seul jour n'en junez,
Et me cuidiez de faintise douer;
21 Sont ce des jeux dont vous savez jouer?

Savez vous point faire piez embouer?    *f 395 a*
23 Sont ce des jeux dont vous savez jouer?

## LXXXXIV. — La dame

Qui son chien veult tuer lui met la rage
    Assus, dist on, ainsi me veulz tu faire
Faulx, desloyal, qui dis que mon corage
4 Se veult de toy, pour autre amer, retraire ?
Mais tu scez bien certes tout le contraire
Et qu'en mon cuer n'a grain de tricherie,
Mais ce es tu mauvais, tu t'as biau taire,
8 Qui deceveur es plain de menterie.

Car onc en moy n'en semblant n'en langaige
Tu n'apperceux chose qui fust contraire
A loyaulté : ce n'est pas mon usage.
12 Tu n'en fais pas doubte, mais, pour moy traire
En sus de toy, tu veulz telz mots retraire
Pour mieulx couvrir ta faulse tromperie,

Mais ne suis pas si comme toy faulsaire
16    Qui deceveur es plain de menterie.

Ha ! mirez vous, dames, en mon dommage,
Pour Dieu mercy ! ne vous laissiez attraire
Par homme nul, tous sont de faulx plumage
20    En ce cas cy ; si fuiez leur affaire :
Au commencier font bien le debonnaire
Mais au derrain c'est toute mocquerie,
Ce fais tu, dieu d'Amours, pour cuers detraire
24    Qui deceveur es plain de menterie.

Mais or me dy, Amours, s'il me doit plaire
Que pour amer je doye estre perie,
Ce es tu dont, j'en voy bien l'exemplaire,
28    Qui deceveur es plain de menterie.


## LXXXXV. — L'amant

A mans jolis, je vous supply qu'aprendre
  Vous me vueilliez comment me maintenir
Je doy vers celle en qui n'a que reprendre,
4    Qui me daigna pour ami retenir,          *f. 395 b*
Car plus n'ose tant aler ne venir
Pour mesdisans que le corps Dieu maudie!
Et, quant lui dis qu'il m'en convient tenir,
8    El ne me croit de chose que lui die.

Et lui semble qu'a autre me vueil prendre ;
Si me presse de souvent revenir,
Mais son honneur, bien sçay, en seroit mendre,
12    Du maintenir il me doit souvenir,
Car mesdisans, que Dieu vueille pugnir !
Sont environ, paour ay qu'on en mesdie,

Dont je ne sçay comment m'y contenir :
16.   El ne me croit de chose que lui die.

Il m'anuye comme a elle d'atendre
Si longuement ains que puisse avenir
A la veoir, mais je doubte mesprendre,
20   Car la garder me doit appartenir;
Pour moy n'est pas, on ne m'en puet banir,
Mais qui ayme ne doit a l'estourdie
Dame servir ; quant ce vueil soustenir
24   El ne me croit de chose que lui die.

Amans, jugiez, se m'en doy abstenir
Ou y aler tout a chiere hardie,
Puis qu'elle veult, et, deusse tout honnir,
28   El ne me croit de chose que lui die.


### LXXXXVI. — LA DAME

P<small>AR</small> biau tabour me yeult mener aux veilles
  Cil qui m'amoit, ce disoit il jadis,
Mais qu'il m'amast ce seroit bien merveilles,
4   Car ne m'en fait semblant fors par ses dis.
Il dit que pour garder honneur toudis
Il ne me voit, mais mallement m'abuse
7   Qui ensement sur mon honneur s'excuse.

Mais ce qu'il dit n'est que vent en oreilles,
Car, se amé m'a, il en est refroidis    *f. 3g5 c*
Ou ses amours sont les plus non pareilles
11   Qu'oncques on veist, car il est si tardis
De moy veoir que pas trois fois en dix
Mois ne me voit, mais bien de moy se ruse
14   Qui ensement sur mon honneur s'excuse.

Ha! Fortune! qui si nous despareilles,
Moult est par toy mon biau temps enlaidis,
Car pour ma mort a faire lui conseilles
18   Tout ce qu'il fait. Faulseté je maudis
Par qui je pers mon plaisant paradis,
Lequel addès de trés grant malice use
21   Qui ensement sur mon honneur s'excuse.

Bien me baille mon ami de la muse
23   Qui ensement sur mon honneur s'excuse.

## LXXXXVII. — L'AMANT

J'AY bien dit a vo message
   Comment je ne puis aler,
Belle, bonne, doulce, sage,
4   Maintenant a vous parler,
Mais ne s'en vueille adouler
Vo cuer et je vous verray
7   Tout le plus tost que pourray.

Car perte aroie et dommage,
Voire pour tout affoler,
Se tost n'aloye en la barge
11   Ou il me convient raler,
Et mon alée celler
Me fault, mais je revenray
14   Tout le plus tost que pourray.

Si vivez a lié visage
Sans tant en plour vous fouler,
Car en pourriez ains vostre age
18   Vostre biau corps affoler.
Pensez de vous rigoler                    *f. 395 d*

Et jouer : o vous seray
21       Tout le plus tost que pourray.

A Dieu ; je retourneray
23       Tout le plus tost que pourray.


### LXXXXVIII. — LA DAME

Or sçay toute l'encloeure
   Et la faulseté prouvée
De cil qui en paine dure
4       M'a mis, dont je suis grevée :
Tant ay quis que j'ay trouvée
Celle pour qui m'a laissiée,
7       Dont durement suis bleciée.

Il en est ja grant murmure
En mainte place eslevée.
Et la a il mis sa cure,
11       Quoy que grant bourde ait levée
Pour s'excuser, ce lui vée
A moy veoir ou qu'il siée,
14       Dont durement suis bleciée.

Ha ! le desloyal parjure,
Il m'avoit tant esprouvée !
Et plus qu'autre creature
18       Vraie, loyal, approuvée
Lui estoie, or me deuée
S'amour, quoy qu'il lui messiée,
21       Dont durement suis bleciée.

LXXXXVIII. 6 *Ms.* laissié — 7 *Ms.* blecié

Pour autre suis delaissiée,
23    Dont durement suis bleciée.

## LXXXXIX. — L'amant

Par faulx raport je suis ou maltalent
     De celle qui tant amer me souloit,
Dont me desplaist et seray trés dolent
4    Se pers ainsi le bien qu'el me vouloit;
Mais se acertes de moy bien lui chaloit    *f. 396 a*
Ne croiroit pas, m'est vis, si de legier,
7    Mais je me doubt que c'est pour m'estrangier.

D'elle veoir, ce dist, suis nonchalant
Pour autre amer, dont forment se douloit,
Mais elle a tort, ne suis remis ne lent
11    De siene amour, et, se mon corps voilloit,
La verroie souvent mais ne me loit
Pour son honneur, ne m'en doit ledengier,
14    Mais je me doubt que c'est pour m'estrangier.

Tort aroie, car tant est excellent
Que il n'est homs, s'en prouesse valoit
Et en renom autant que fist Rolent,
18    Pour dame avoir se d'amer se mesloit,
Qu'il ne lui deust souffire; elle en parloit
Et parle encor sans cause a droit jugier,
21    Mais je me doubt que c'est pour m'estrangier.

Amours me veult mener trop grant dongier,
23    Mais je me doubt que c'est pour m'estrangier.

LXXXXIX. 11 *Ms.* sene

## C. — La dame

A u lit malade couchiée,
  Tremblant dure fievre agüe,
Suis, par estre trop fichiée
4    En amer qui tant m'argüe
Que plus venin qu'en sigüe,
Me semble, y a, dont je meurs
Sans jamais passer par rue,
8    Car ja me deffault li cueurs !

A Dieu cil qui aluchiée
M'a puis faulsement me tue;
Encore en soy je vengiée,
12    Car malement m'a deceue.
De toutes dames soit sceue
Ceste exemple a fin que leurs
Cuers si faicte amour ne mue,     *f. 396 b*
16    Car ja me deffault li cuers !

A Dieu, Amours; aprouchiée
Suis de mort par toy; j'en sue
Ja la sueur, et fichiée
20    Suis ou pas, m'ame perdue
Ne soit pas mais de Dieu eue.
A Dieu, monde, a Dieu, honneurs,
J'ay yeulx troubles et voix mue,
24    Car ja me deffault li cueurs !

Priez que de Dieu receue
Soie; a Dieu, freres et seurs,

C. 9 *Ms.* aluchié

Je m'en vois sans attendue,
Car ja me deffault li cueurs!

# LAY DE DAME

O Amours dure et sauvage,
   Certes, qui te fait hommage
Se met en divers servage,
Et si se puet bien attendre
5    Que par ce dueil et dommage
Lui vendra, c'est l'avantage
Que tu fais au las courage
Qui se laisse a toy surprendre.

Mais bien voy qu'il n'est si sage,
10   Quant tu veulx, que soubz ta cage
Ne soit fichiez, quoy que il targe,
Ne ja Raison tant aprendre
Ne lui sara que la rage
De ton desir, plain d'oultrage,
15   Ne lui livre amer buvraige,
Ne riens n'y vault le reprendre.    *f. 396 c*

Car ta puissance est trop forte,
    Dure et diverse,
Et si est de telle sorte
20    Et tant perverse
Que tout cuer ou es aherse
    Entre en la porte

De dueil et en honneur morte
Il se renverse.

25   Mais tu es en tous lieux voisine,
Il y pert par ce que raconte
Ovide en son livre qui conte
De ta puissance qui tant monte,
Dit que meismes n'y pot Messine
30   Trouver Pluto qui duc et conte
Estoit d'enfer, mais l'Art, qui dompte
Fols et sages et qui surmonte

Toute riens, lui mist la racine
Ou cuer par doulz regart qui mine
35   Les cuers; si lui fist Proserpine
Si fort amer qu'il n'ot pas honte
De la ravir sur la marine.
Si l'emporta en brief termine
En enfer ou elle domine.
40   D'autres plusieurs y a sans compte.

Et mesmement le vent de bise
Feis tu jadis estre amoureux
D'Erudisse, en tel devise
Qu'il en fut mat et langoureux.
45   Jupiter, le dieu, sans faintise,
Fu par toy taint et doulereux;
Et Appollo ot s'amour mise
En dame dont fu desireux,
Mais il n'en fist pas a sa guise,
50   Dont il se tint pour meseureux.      *f. 396 d*

La deffense n'y vault .ii. poires,
Puis qu'ainsi amerent les dieux

Celestes et meismes les vieux
Sages, jadis, fust joye ou dieux,
55     Si que nous dient en mains lieux
Les escriptures et histoires :
David et Salomon, ses fieulx,
Sanson, Hercules non pas mieulx
N'en chevirent, non firent cieulx
60     Qui les estoilles des haulx cieulx
Congnurent, ce sont choses voires.
Il n'est doncques nulz homs mortieulx,
Se il a cuer, pensée et yeulx,
Qui doubter ne doye en tous lieux
65     Tes dars qui cuers font envïeux
D'estre amez, ce sont choses voires.


Et des sages dames qu'on prise
Y puet estre nulle comprise
Et ouïl certes :
70     Medée, qui fu tant aprise
Es sciences, si fut esprise
De ces couvertes
Flames, et par telle maistrise
Que riens ne lui valu l'emprise
75     De ses appertes
Sciences, qui que l'en desprise,
Par toy fu tellement surprise
Que sans dessertes
Ama Jason, quoy que reprise
80     En fust de raison, mais pourprise
Tu l'os acertes
En ta trés destroite pourprise
Ou tu la tenoies pourprise,
Fust preu ou pertes.

73 *Ms.* tel m.

85              La non blasmée                    *f 397 a*
            Roÿne, sage et bien amée
            Dido, qui tant fu renommée
            Qu'en tous lieux elle estoit clamée
                La trés eslicte
90          Roÿne, mais l'istoire escripte
            Nous dit que par toy fu subgicte
            En l'amour Eneas ; merite
                Mauvais rendi
            Des haulx biens qu'elle lui tendi ;
95          Le trés faulx gaires n'attendi.
            De telz est maint, ytant tendy,
                Dont c'est pechié
            A toy de souffrir tel meschié
            Qu'un faulx amant tiengne empeschié
100         Un loyal cuer bien entechié.


                C'est ta maniere
                Qui est fiere,
            Si ne fault plus que j'enquiere
                Pour approuver
                Et prouver
            Ce que assez je puis prouver
            Des dames qui ont jeu en biere
                A pale chiere
                Par entiere
110         Foy, dont fais a reprouver.


            Et doncques nul ne s'esmervueille,
                Se par toy veille
                Et tant traveille
                Ne ne sommeille
115         Moy qui suis simple creature.

Quant mainte dame non pareille
    Fault que elle en cueille
    Dueil et recueille
    Pleur qui la meuille
120    Par mainte diverse aventure
Qui amerement la resvĕille.      *f. 397 b*


    O amorsure,
    Trés aspre et dure,
Mal vins oncques a mon oreille,
125    Car tu me mets en aventure
    Par ta morsure,
    Qui trop me dure,
    De mort obscure,
Car desespoir le me conseille.


130    Ains suis a grief dueil livrée,
        Et delivrée,
Bien voy, ne m'en verray jamais,
      Car desir remais
M'est ou cuer, souvenir navrée
135        M'a, abuvrée
    M'ont ces de trop divers mais.
      Lasse ! et si n'ay mais
De nulle plaisance livrée,
        Et enyvrée
140    Me sens ainsi pour tousjours mais
      Sans decevrée.


Le mal que j'ay, et tu le scez, Amours,
Me vient d'amer un desloyal ami


124 *Ms.* mai

Qui me promist qu'il seroit a tousjours
145 Mon vray amant; lasse! dolente, aimy!
Je m'y fiay, dont mon cuer fent par my,
Car son parler attreant, decevable,
Et son maintien courtois et amiable,
Me disoient qu'il disoit verité,
158 Et non faisoit, c'est bien chose prouvable,
Dont de joye a mon cuer desherité.

Car plus a veu que mon cuer estoit mis
En siene amour et que bien sienne estoie
Adont s'est il de moy amer remis
155 Du tout en tout ne plus n'a quise voie       *f. 397 c*
De moy veoir, et je pleure et larmoie,
Plaine de dueil et de desir ensemble,
Pour ce que voy que son cuer se dessemble
De mon amour et qu'il est faulx et faint,
160 Et ne m'en puis retraire, ce me semble,
Car tout y mis mon las cuer qui s'en plaint.

Et pour ce en plourant me demente
Tant et guermente,
Sans que je mente,
165         Lasse, dolente,
A toy qui si m'as enhaÿe.
Car tu scez que j'estoie lente
De mettre entente
N'avoir attente
178         En la tourmente
De tes tours qui m'ont envaÿe;
Mais cil, ou ne truis nulle aÿe,
Ains esmaÿe
M'a et haÿe,
175         Dont esbaÿe
Suis si qu'il fault que m'en repente,

M'a par sa parolle traÿe,
Dont muir haÿe
Ou est fouÿe
180        Joye que ouÿe
N'ay pieça, dont dueil me tourmente.


Et qui cuidast qu'en gentil homme
De tel affaire
Eust a reffaire?
185   Car ne cuid que decy a Romme
En toute somme
Autre on renomme
De plus de biens, mès le contraire
Je puis retraire,
190        Car son attraire
Me donne de maulx trop grant somme. *f.397 d*
Si ne sçay comme
Nul homme on nomme
Bon ou loyaulté ne repaire.
195        Si ne puis taire
Mon grief contraire
Par lequel pers repos et somme.


Hé las! si languis durement
Sans nul espoir d'alegement
200        Et muir de dueil
Par son accueil
Que je ne vueil
Et ne puis haïr nullement
Ne vouloir le departement.
205        Et si m'en dueil
Tant qu'en recueil
Plour dont me mueil,
Ne n'ay bien un jour seulement;
Si me va bien diversement.

210 Car le regart du trés doulz oeil
  Qui m'a mis en ce dur resveil
    Si persaument,
    Tant doulcement,
    Parfectement,
2I5 Me navra qu'adès en traveil,
  Ne ne puet despasser le sueil
    Un seul moument
    Pour nul tourment,
    Tart ne briefment,
220 De mon cuer, dont je m'esmerveil
  Comment je puis avoir tel vueil.


  Et quel conseil a ce martire
    Se Dieu te gart,
  Y pourray je, Amours, donc eslire ?
225    Car mon cuer art
  De s'amour et adès m'empire,
    Ne n'ay regart    *f. 398 a*
  Alieurs, lasse ! dont je souspire
    Seullette a part
230 Quant ne voy cellui qui a tart
  Me voyt et qui me fait maudire


  Ma vie, car il m'est si tart
  Que le voie et ne fois que dire :
    « Le cuer me part,
235 Venez vers moy, mon trés doulz mire,
    Ou main ou tart. »
  Mais tout n'y vault riens, car il tire
    En autre part.
  Si ne me doit mie souffire
240    D'avoir tel pa
  De cellui que je tant desire ?

Mais, se pour mon mal alegier
Et moy oster de ce dongier,
Pouoie prendre aucun plaisir
245    Autre part et lui estrangier,
Ce me pourroit assouagier ;
Mais nanil : tout m'est·desplaisir,
Quanqu'autre fait ne puis saisir,
Autre vouloir n'autre desir
250    Ne se puet en moy hebergier,
Car tout li mis sans deslogier,
Et, en deusse vive enragier,
En ce point me convient gesir.


Si le me fault ainsi porter
255            Jusqu'au mourir,
Bien le voy, puis que depporter,
            Pour moy garir,
Ne te veulz de moy tourmenter
            Ne acourir
260    Pour mon bien, mais ma grief complainte
Au moins il te plaise aporter
            Et tost courir
A cellui qui me fait perir          *f. 398 b*
            Sans arrester,
265    Combien qu'il n'a nul vueil d'oster
            Ne secourir
Mon mal, dont j'ay la couleur tainte.


Ainsi fineray mon age,
Assez juene, en ce malage
270    Qui m'est rente et heritage,
Dont ma lasse vie est mendre.
Et se je te fus ombrage
Jadis, plus que au feuz l'emplage,

Le me rens de ton paage.
275 Nul n'est qui se peust deffendre,
Bien le voy, c'est le rivage
De durté ou douleur nage;
La tu adreças ma barge,
Fortune m'y fist descendre,
280 Ouquel lieu ne truis suffrage
Ne nul bien, fors'le message
De mort qui corps et visage
Me fera tourner en cendre.

EXPLICIT LAY MORTEL